Momentos Instructivos Con El Salvador

Ken Gire

EDITORIAL VIDA es un ministerio misionero internacional cuyo propósito es proporcionar los recursos necesarios para evangelizar con las buenas nuevas de Jesucristo, hacer discípulos y preparar para el ministerio al mayor número de personas en el menor tiempo posible.

ISBN 0-8297-1905-9
Categoría: Inspiración

Este libro fue publicado en inglés con el título
Instructive Moments with the Savior por Zondervan

Traducido por Cristina Kunsch de Sokoluk

Edición en idioma español

Deerfield, Florida 33442-8134

Diseño de cubierta / fotografía por John Coté

Afectuosamente dedicado a mis hijos:
Gretchen, Kelly, Rachel y Stephen,
cuyas vidas han sido parábolas
mediante las cuales Dios me ha hablado
acerca del misterio de su amor.

ÍNDICE

"El que tiene oídos
para oír,
oiga."

Introducción

Jesús enseñó en gran medida mediante la narración de relatos. Por medio de anécdotas en torno a la vida diaria Jesús explicó todo, desde lo referente al reino de Dios hasta lo que atañe a cómo ser un buen prójimo.

Los relatos son simples. Tienen más en común con las fábulas de Esopo que con los muy elaborados sermones de nuestros días. Por esa especie de magia que se produce al oír la frase "había una vez . . . ", crean un encanto que no puede lograr ningún sermón.

Nos cautivan, y sin embargo no se dejan capturar. Como los relámpagos, irrumpen en nuestra imaginación y antes que tomemos conciencia del hecho, ya han desaparecido. Lo que permanece en nosotros es una inquietante sensación de que algo ha descendido del cielo y ha tocado nuestro ser interior; lo ha tocado como lo haría un trueno y lo ha inquietado.

Pensemos cómo la parábola del buen Samaritano habrá inquietado al experto en derecho que formuló la pregunta: "¿Y quién es mi prójimo?" ¿Habrá continuado siendo la misma persona luego de ese destello de revelación del Salvador? ¿Alguna vez habrá podido volver a ver a un desvalido en la calle y alejarse? No habrá podido deshacerse del tronar de la parábola que hacía trepidar el meollo de su ser.

Sin embargo, no todas las parábolas nos llegan de modos tan dramáticos. Algunas entran en nuestra vida de manera tan desapercibida como la de una semilla que se desprende de su vaina y cae a tierra. Según cierta vez lo expresara Malcolm Muggeridge, todo suceso, grande o pequeño, es una parábola mediante la cual Dios nos habla; el arte de la vida es captar el mensaje.

Ese mensaje nos llega de muchas maneras, a menudo de la manera más inesperada, como cuando el Verbo se hizo carne. ¿El Mesías nacido de una madre soltera? ¿El hijo de Dios acunado en un comedero de forraje? ¿Puede provenir algo bueno de Nazaret? ¿Dónde obtuvo este hombre esa sabiduría y esos poderes milagrosos? ¿No es éste el hijo del carpintero?

¿Quién oyó jamás cosas semejantes?

Y sin embargo hubo algunos que sí oyeron tales cosas. Siguieron al Salvador y lo amaron y dieron su vida por Él. Ellos comprendieron que esa verdad puede encontrarse en los lugares donde uno jamás pensaría buscar. Y ellos fueron los que aprendieron a escuchar.

Y de eso trata este libro: aprender a oír.

Puede ser que al aprender a escuchar el mensaje de Dios en las parábolas, podamos aprender a oír su mensaje en otros aspectos de la vida también: la sabiduría que nos llega a través del sufrimiento; la sabiduría que nos comunican los perecederos pétalos de una flor; la palabra viene a nuestra conciencia al ver a otro ser humano desparramando un basurero en busca de comida.

Cuando comencemos a recibir esos mensajes, comenzaremos a captar el arte de la vida.

Al aguzar su oído para escuchar los capítulos siguientes, notará que cada momento instructivo con el Salvador comienza con un pasaje de la Biblia; siguen a continuación algunos comentarios que nos hacen reflexionar, y la lectura acaba con una oración. Como se verá, la oración final está sin terminar.

Esas plegarias dan comienzo a una historia que sólo puede completar usted. Es una historia santificada, una que no ha sido referida antes y que jamás se volverá a repetir. Es la historia de su vida . . . una vida que con el tiempo llegará a ser en sí misma una parábola a través de la cual Dios hablará.

Ken Gire

UN MOMENTO INSTRUCTIVO ACERCA DEL OÍR

Pasaje Bíblico

Juntándose una gran multitud, y los que de cada ciudad venían a él, les dijo por parábola:

El sembrador salió a sembrar su semilla; y mientras sembraba, una parte cayó junto al camino, y fue hollada, y las aves del cielo la comieron. Otra parte cayó sobre la piedra; y nacida, se secó, porque no tenía humedad. Otra parte cayó entre espinos, y los espinos que nacieron juntamente con ella, la ahogaron. Y otra parte cayó en buena tierra, y nació y llevó fruto a ciento por uno.

Hablando estas cosas, decía a gran voz: El que tiene oídos para oír, oiga.

Y sus discípulos le preguntaron, diciendo: ¿Qué significa esta parábola? Y él dijo: A vosotros os es dado conocer los misterios del reino de Dios; pero a los otros por parábolas, para que viendo no vean, y oyendo no entiendan.

Esta es, pues, la parábola: La semilla es la palabra de Dios. Y los de junto al camino son los que oyen, y luego viene el diablo y quita de su corazón la palabra, para que no crean y se salven. Los de sobre la piedra son los que habiendo oído, reciben la palabra con gozo; pero éstos no tienen raíces; creen por algún tiempo, y en el tiempo de la prueba se apartan. La que cayó entre espinos, éstos son los que oyen, pero yéndose, son ahogados por los afanes y las riquezas y los placeres de la vida, y no llevan fruto. Mas la que cayó en buena tierra, éstos son los que con corazón bueno y recto retienen la palabra oída, y dan fruto con perseverancia.

Lucas 8:4-15

MEDITACIÓN

Jesús ha estado recorriendo con sus discípulos el extremo norte del mar de Galilea, visitando tierra adentro la aldea de Corazín y las ciudades costeras de Betsaida y de Capernaúm.

Estas ciudades han oído a Jesús decir algunas cosas sorprendentes y le han visto hacer cosas más sorprendentes aun. Con un simple toque de su mano o una palabra de su boca los ciegos han recibido la vista, los cojos han caminado y los sordos han recuperado la capacidad de oír. La gente de aquella región hasta vio a Jesús resucitar a los muertos.

Cuando Él se retiró de aquellas ciudades, ellos se agitaron como una ola a causa de una controversia: "Este hacedor de milagros, ¿es el Hijo de David, o es el hijo del diablo?"

Ahora Jesús está fuera de Capernaúm, donde se reúne una muchedumbre a la orilla del lago. Lo rodean como una bandada de aves, tan ávidos y expectantes como las gaviotas que revolotean sobre un barco pesquero que se aproxima a tierra. Tanto apretuja la multitud, que finalmente Él tiene que entrar en un bote que se encuentra en la arena y alejarlo de la orilla.

En la primera fila en la playa frente a Él están sus doce discípulos. La costa ondulante, en forma de media luna, constituye un anfiteatro abierto para el resto del gentío. A su derecha queda Capernaúm. A su izquierda el sol galileo yace en un nido de colinas como si fuera un enorme huevo de oro. Detrás de él, barcas ancladas, desnudados sus mástiles, se hamaquean perezosamente con ek chapoteo del agua. La brisa es fresca y lleva el recuerdo de la pesca de esta mañana. Un pájaro pescador vuela a modo de cometa por sobre la superficie del agua, se precipita para traspasar su cena con el pico y después, para alejarse de la muchedumbre, levanta el vuelo hasta un apartado paraje de la playa.

Jesús se sienta en la popa de la barca, mientras el mar que lo rodea toma lentamente un color más intenso, como si lo ensombrecieran las palabras que vendrían más tarde.

Jesús pide silencio a la multitud:

— El que tiene oídos para oír, oiga.

Los discípulos anticipan otro mensaje como el Sermón del Monte. Un sermón bien cincelado con una o dos ilustraciones rústicas para la gente común. Algunos comentarios perspicaces sobre el Antiguo Testamento para los letrados. Y para finalizar, un poderoso llamado al altar para todos.

Pero cuando Jesús acaba de hablar, los discípulos se miran unos a otros con el rabillo del ojo, pidiendo una explicación. Uno tras otro se encogen de hombros.

Luego de dispersarse la multitud, los intrigados discípulos preguntan qué significaba la parábola. Jesús les responde:

—A ustedes Dios les da a conocer los secretos de su reino; pero a los otros les hablo por medio de parábolas, para que por más que miren no vean, y por más que oigan no entiendan.

Una parábola es una semilla de verdad espiritual envuelta en la cáscara de una historia terrenal. En las parábolas acerca del reino de Dios se ocultan los misterios del reino de tal manera que los que buscan de corazón encontrarán el meollo de la verdad, mientras que los otros sólo encontrarán cáscaras.

Pero ¿por qué oscurecer el mensaje? ¿Por qué no hacerlo tan claro como sea posible, de manera que la mayor cantidad de personas puedan entrar en el reino?

Porque Jesús ya les ha dado a estas personas todas las oportunidades de oír la verdad acerca del reino de Dios, y lo han rechazado. Recientemente, cuando sanó a un hombre en el día de reposo, los fariseos forjaron un complot para matarlo. Cuando echó un demonio fuera de un poseído, los líderes religiosos lo desecharon al decir: "Es por Belcebú, el príncipe de los demonios, que este tipo desaloja demonios."

Jesús proclamó una sentencia mordaz a causa de la incredulidad de ellos:

—¡Ay de ti, Corazín! ¡Ay de ti, Betsaida! . . . Y tú, pueblo de Capernaúm . . . Si en Sodoma se hubieran hecho los milagros que se han hecho entre ustedes, esa ciudad habría permanecido hasta el día de hoy. Pero les digo que en el día del juicio el castigo para ustedes será peor que para la gente de la región de Sodoma.

En un incidente posterior, los fariseos intentaron persuadir a Jesús de que hiciera otro milagro para convencerlos. Y ahí fue donde Jesús pronunció un juicio definitivo sobre ellos, sellando así no sólo el destino de ellos, sino el suyo propio:

—Esta gente malvada e infiel pide una señal milagrosa; pero no va a dársele más señal que la del profeta Jonás. Pues así como Jonás estuvo tres días y tres noches dentro del gran pez, así también el Hijo del Hombre estará tres días y tres noches dentro de la tierra.

Cuando se rechaza al rey mismo, la oferta del reino queda cancelada. Y cuando Jesús va a la cruz, la promesa del reino va con Él. Hasta que regrese un día con ese reino, ha circunscrito su reinado en la tierra al pequeño ámbito del corazón humano.

Pero como lo indica la misma parábola, el corazón humano no es un terreno fácil de cultivar. Es duro y pedregoso y lleno de malezas.

Jesús describió en la parábola la campiña espiritual que constituye el paisaje del norte de Galilea. De esa manera explicó a sus discípulos cómo era posible que esparciera la palabra de su reino por todo el territorio y que su mensaje encontrara tan variada respuesta.

A lo largo de las colinas y los valles de la costa norteña había corazones insensibles a la verdad: los corazones de los escribas y de los fariseos, por ejemplo, los cuales habían sido pisoteados por la tradición y apisonados por los orgullosos pies de su santurronería.

Había corazones que absorbían la verdad y repentinos retoños de vida espiritual brotaban por toda la campiña como flores silvestres después de la lluvia. Pero tenían sólo un compromiso superficial con la verdad, por lo cual sus raíces nunca se desarrollaban hasta ser profundas y, sometidas al fuego de la prueba, su fe se marchitaba. Como por ejemplo en el caso del marinero de rostro curtido que creyó, pero su fe se doblegó ante la burla de sus compañeros de tripulación.

Luego estaban también los corazones cuyas raíces crecían profundas. Impulsaban hacia arriba robustos tallos que resistían al sol. Pero se pasaban por alto algunas semillitas de mundanalidad, se perdonaba luego la enredadera que nacía de éstas, y en poco tiempo la vida del robusto tronco quedaba atrofiada. El hombre de negocios de Corazín, por ejemplo, aquel que no sólo recibió la verdad sino que siguió a Jesús por toda la región montañosa haciéndole preguntas, aprendiendo, ayudando siempre que podía, pero . . . a la larga tomó la decisión de regresar a sus negocios. Pensándolo bien, sus clientes dependían de él, los comerciantes de la competencia le estaban dando alcance y sus acreedores comenzaban a perseguirlo. Aparte de todo esto, estaba la hipoteca pendiente sobre su finca veraniega, el barco nuevo que deseaba comprar y la vida placentera que lo llamaba desde la playa. Lenta, imperceptiblemente, la enredadera ganó la batalla.

Estaban también esas parcelas de tierra para los cuales vive cada campesino . . . unos cuantos corazones que eran fértiles y receptivos a la verdad, despejados de todo lo que pudiera obstaculizar su compromiso, arrancada la maleza de los afectos que intentaran prevalecer. En estos corazones la palabra de Dios germinó, imperceptiblemente echó raíces, y creció ininterrumpidamente: primero una hoja, luego el tallo, después la espiga, y más tarde el desarrollo de todos los granos de la espiga.

En cada caso en la parábola, la productividad de la semilla depende de la receptividad del suelo.

He aquí un misterio.

¿Por qué Dios limita el ilimitado poder del cielo a unas cuantas semillas de verdad esparcidas al azar, enterrando las esperanzas de una cosecha eterna en un suelo tan inconstante como lo es el del corazón humano?

Oración

Amado Señor de la cosecha:

¿Por qué será que tan pequeña parte de la semilla sembrada en mi corazón llega alguna vez a madurar, y mucho menos a dar fruto?

¿Por qué le cuesta trabajo a tu palabra implantarse en mi vida? ¿Por qué languidezco cuando se somete mi fe al calor? ¿Por qué debo constantemente aplicar el hacha a las mismas viejas hierbas?

Entra en mi huerta, Señor. Toma tu arado y cava surcos en la dureza de mi vida. Excava los obstáculos que impiden a las raíces de mi fe desarrollarse en profundidad. Arranca las preocupaciones que enroscan sus brotes espinosos alrededor de mi corazón y le exprimen su vida espiritual.

Cultiva mi corazón, Señor, para que pueda captar cada palabra del cielo. Cada sílaba de estímulo, cada frase de reprensión. Cada párrafo de instrucción; cada página de advertencia. Ayúdame a captar esas palabras como el suelo fértil aprisiona las semillas.

Ayúdame a guardar mi corazón con todo esmero, tomando conciencia de que la cosecha de mi corazón no sólo contribuye a alimentar a una generación ahora sino que también ayuda a sembrar las cosechas para generaciones por venir . . .

Un momento instructivo acerca del amor

Pasaje Bíblico

Y he aquí un intérprete de la ley se levantó y dijo, para probarle: Maestro, ¿haciendo qué cosa heredaré la vida eterna?

El le dijo: ¿Qué está escrito en la ley? ¿Cómo lees?

Aquél, respondiendo, dijo: Amarás al Señor tu Dios con todo tu corazón, y con toda tu alma, y con todas tus fuerzas, y con toda tu mente; y a tu prójimo como a ti mismo.

Y le dijo: Bien has respondido; haz esto, y vivirás.

Pero él, queriendo justificarse a sí mismo, dijo a Jesús: ¿Y quién es mi prójimo?

Respondiendo Jesús, dijo:

Un hombre descendía de Jerusalén a Jericó, y cayó en manos de ladrones, los cuales le despojaron; e hiriéndole, se fueron, dejándole medio muerto. Aconteció que descendió un sacerdote por aquel camino, y viéndole, pasó de largo. Asimismo un levita, llegando cerca de aquel lugar, y viéndole, pasó de largo. Pero un samaritano, que iba de camino, vino cerca de él, y viéndole, fue movido a misericordia; y acercándose, vendó sus heridas, echándoles aceite y vino; y poniéndole en su cabalgadura, lo llevó al mesón, y cuidó de él. Otro día al partir, sacó dos denarios, y los dio al mesonero, y le dijo: Cuídamele; y todo lo que gastes de más, yo te lo pagaré cuando regrese.

¿Quién, pues, de estos tres te parece que fue el prójimo del que cayó en manos de los ladrones?

El dijo: El que usó de misericordia con él.

Entonces Jesús le dijo: Ve, y haz tú lo mismo.

Lucas 10:25-37

Meditación

¿Quién es mi prójimo?

La pregunta la formula un abogado; su intención no es tanto resolver una disputa, sino más bien apaciguar su conciencia. Halla la respuesta a su pregunta en el lugar más inesperado: un camino polvoriento que conducía hacia las afueras de Jerusalén.

El camino de Jerusalén a Jericó desciende a través de un páramo de rocas, barrancas y afloramientos de piedra caliza. El único toque de color proviene del sol naciente cuando con su brocha pinta de rosado las colinas calizas. El camino serpentea entre esas lomas por unos veintisiete kilómetros, retorciéndose peligrosamente cerca de los escarpados barrancos y ondulando sobre los desnudos hombros de las rocas.

En las vueltas zigzagueantes de ese camino se esconden criminales, al acecho, así como una tarántula espera al desprevenido escarabajo hasta que caiga en su trampa. Por esa razón el camino se ha ganado el apodo de "Camino de Sangre".

Bajando la senda viene un sacerdote cansado. Los asaltantes lo reconocen como religioso por la vestimenta que lleva, de modo que le permiten pasar sin problemas. Algunas cosas son sagradas, aun para los delincuentes. Además, deducen que, de todos modos, los sacerdotes nunca llevan nada de valor.

El sacerdote va dejando atrás los ocho días con que acaba de cumplir su turno de oficiar en el templo. Ha estado ministrando desde la mañana hasta el atardecer, adoctrinando a la gente en las rectas y angostas sendas de la ley. Ha hecho intercesión por las ocasiones en que se han apartado. Quemando incienso. Formulando plegarias. Ofreciendo sacrificios. Los días han sido largos y fatigosos, por la tediosa atención a cada detalle que requiere todo, desde juzgar casos legales hasta despabilar las lámparas de aceite del templo.

Pero ahora pasó su turno y se encuentra en el camino de regreso a su hogar en Jericó, ese opulento suburbio mundano de la santa ciudad.

El sacerdote pasa el tiempo meditando en un salmo, pero los ritmos cadenciosos de la poesía hebrea son interrumpidos por el sonido discordante de gemidos guturales provenientes de un costado del camino.

Yace allí al desnudo una masa de carne. El sacerdote entorna los ojos. Le parece que es un consanguíneo judío, pero es difícil estar seguro de ello. El hombre ha sido golpeado hasta quedar en carne viva y un constante goteo de sangre oscurece la tierra debajo de su cuerpo.

La ley dice que si uno ve el asno o el buey de un hermano caer por el camino, uno no debe esquivarlo sino que debe ayudar a levantarlo. Entonces,

¿cuánto más se debiera ayudar si es el hermano mismo el que ha caído?

Pero esa porción de la ley no es la que le viene a la mente al sacerdote. Está pensando en el pasaje que dice que cualquiera que toque un cuerpo muerto deberá ser considerado inmundo por siete días.

El sacerdote razona interiormente así: "El pobre tipo está apenas vivo. Si me detuviera y lo sostuviera, se podría morir en mis brazos." Entonces piensa en el complicado ritual que tendría que cumplir para purificarse, y hablando francamente, ya fue demasiado ritual el que llevó a cabo durante la semana pasada. Aparte de eso, si se hace inmundo un sacerdote, eso impediría sus deberes religiosos en la sinagoga local de Jericó, y ya está anotado en el programa para toda la semana entrante como el designado para enseñar las clases de Tora.

Así es que, en vez de arriesgarse a la contaminación que le impediría cumplir con sus responsabilidades religiosas, el sacerdote da la espalda y se aleja. Al fin de cuentas, su don es la enseñanza y no sería una administración sabia de su talento tener que enterrarlo por toda una semana.

Un levita es el siguiente en pasar por el camino. Como subalterno del sacerdote, lo secunda en el servicio de adoración en el templo. Pero él está igualmente fuera del horario de trabajo y ansioso por llegar a su casa.

Sus pasos son acelerados. Necesita estar en Jericó para el mediodía, a tiempo para la reunión del concilio de la ciudad en la que se le ha solicitado tener a su cargo la oración de apertura. Eso es un honor y un paso importante en su carrera. Le conferirá mayor posibilidad de ser notado y ampliará su esfera de influencia.

Esa oportunidad debiera abrirle una cantidad de puertas. Es una buena oportunidad para codearse con los miembros del concilio y los comerciantes de mayor peso. Dan buenas ofrendas esos comerciantes. Saben cómo tratar a sus hombres santos. Es decir, una vez que uno se gana un poco de reconocimiento y entra en el círculo correcto de personas.

Sí, esta es la oportunidad que ha estado esperando, para llevar la religión al mercado, para influir en la vida de los líderes clave dentro de la comunidad, y quién sabe, para hacerse de paso uno o dos denarios.

La imaginación del levita danza con esas posibilidades. Piensa en las invitaciones a dar conferencias que se le presentarán, en estar sentado en el lugar de honor en los banquetes, en recibir invitaciones a asistir a las mejores funciones sociales, en las ofertas de artículos de lujo importados entregados a precio de costo o, mejor aun, obsequiados generosamente por alguna persona como muestra de gratitud por lo acertado de su enseñanza.

Sus pasos se aceleran más en el camino que lo lleva cuesta abajo hacia Jericó.

Pero sus zancadas son interrumpidas cuando una curva en el sendero le revela a un hombre que ha sido golpeado por asaltantes. Mira al hombre y luego se fija en la altura del sol. Tiene que llegar a Jericó al mediodía. Debe cumplir con un compromiso. Seguramente otra persona se acercará en uno o dos minutos, es lo que razona al reanudar su ritmo y cruzar al otro lado de la senda.

Luego viene un samaritano montado sobre un asno por ese preciso polvoriento trecho del camino. Acaba de estar en Jerusalén por razones de trabajo y va camino a Jericó a completar un negocio allí antes de regresar a su casa.

Pero el clima mercantil de Judea no es favorable para los samaritanos. Los judíos los desprecian. No los reciben en sus hogares porque creen que si lo hacen acumularán maldición sobre sus propios hijos. Y no comerán de la mesa de un samaritano, así como no lo harían del comedero de los puercos. El odio es tan acérrimo que los judíos los maldicen públicamente en la sinagoga pidiendo a Dios que los excluya de la vida eterna.

Este samaritano trata de echar al olvido la forma grosera en que ha sido tratado, a pesar de que ha visto a su propia gente maltratar a los judíos tanto como éstos a aquéllos.

Al tomar la curva del camino, ve al herido que yace allí. El corazón del samaritano lo obliga a detenerse. Está tan lleno de compasión que no da lugar a preguntas. Ese hombre es judío, pero ni su raza, ni su religión, ni la región del país de donde sea implicarían distinción alguna. Es un ser humano en situación de emergencia, y eso es lo único que importa, por lo menos para el samaritano.

Del pesado cargamento de su burro toma un odre de vino y un cántaro de aceite. Se apresura a llegar junto al hombre y derrama vino sobre sus heridas para desinfectarlas y aceite para aliviarlas. Arranca tiras de su vestimenta para que absorban la sangre y detengan la vida que se está agotando. Con cautela acarrea al herido sobre su hombro hasta depositarlo sobre su asno, sosteniéndolo en equilibrio mientras camina a su lado.

En un par de kilómetros arriban a una posada. Lo que el samaritano pudiera haber hecho sería desmontar sencillamente al hombre, pasar a la mano del posadero el pago de una noche de alojamiento y marcharse. Pero no es eso lo que hace. Se queda a pasar la noche, vigilando al herido durante esas primeras veinticuatro horas tan críticas. Bajando la fiebre con paños fríos. Cambiando los vendajes. Dándole a tomar algunos sorbos de agua cada vez que el hombre recobra el sentido.

Al día siguiente el samaritano debe proseguir su marcha, pero el herido está en condiciones demasiado críticas como para viajar. El samaritano vacía su bolsón de cuero. En la palma de la mano del posadero tintinean dos monedas de plata, equivalentes a la paga de dos días de trabajo. El samaritano no sólo disminuye seriamente su caudal económico por causa de ese hombre, sino que se mete en deudas comprometiéndose a cubrir cualquier gasto en que incurra el posadero en la empresa de devolverle la salud a un hombre completamente desconocido.

El samaritano no hizo nada a favor del alma del extraño, por lo menos hasta donde sepamos. No pronunció una oración, no citó un versículo, no le dejó un folleto religioso. Lo único que efectivamente hizo fue proporcionarle al hombre el auxilio físico que necesitaba. Y parece que eso fue suficiente. Al menos fue suficiente a los ojos del narrador de esta historia.

Al dejar demostrado lo que significa ser un buen prójimo, el samaritano definió el significado del amor. El amor no desvía la mirada. Y tampoco desvía el rumbo. Se involucra. Se despoja de su comodidad. Se endeuda.

Cuando Jesús concluye su relato, le pregunta al doctor en leyes:

— Pues bien, ¿cuál de esos tres te parece que fue el prójimo del hombre asaltado por los bandidos?

El judío, con toda su dignidad, por poco se ahoga al responder. No puede doblegarse para decir: "El samaritano". Lo único que puede decir es:

— El que tuvo compasión de él.

El odio hacia los samaritanos era tanto racial como religioso. Los samaritanos eran de raza mixta por tener una combinación de sangre judía y asiria, y además eran herejes desde el punto de vista de los judíos.

Su lugar de culto era en un templo sobre el monte de Gerizim en oposición al templo judío de Jerusalén. Sólo aceptaban como sagrados los primeros cinco libros de la Biblia en vez del Antiguo Testamento judío completo. Habían establecido su propia orden sacerdotal independiente de la que tenían los judíos, y no tomaban en cuenta las tradiciones de los ancianos judíos.

Conociendo los sentimientos que los samaritanos despertaban en los judíos, podemos imaginarnos lo duro que le habrá parecido a ese experto en la ley que alguien se sirviera de un hombre cuya raza él despreciaba profundamente para ilustrar el mandamiento central de la ley judaica.

En el capítulo anterior del Evangelio según San Lucas, toda una aldea samaritana rechazó a Jesús.

> *Y envió mensajeros delante de él, los cuales fueron y entraron en una aldea de los samaritanos para hacerle preparativos. Mas no le recibieron, porque su aspecto era como de ir a Jerusalén. Viendo esto sus discípulos Jacobo y Juan, dijeron: Señor, ¿quieres que mandemos que descienda fuego del cielo . . . y los consuma? Entonces volviéndose él, los reprendió . . . y se fueron a otra aldea. (Lucas 9:52-56)*

Sabiendo que Jesús era judío y habiendo tomado nota de su reciente repudio por parte de los samaritanos, uno podría pensar que Él consignaría al samaritano para representar el papel del hombre que fue atacado por los ladrones. O peor aun, el de uno de los que le volvieron la espalda.

Pero Jesús no hizo eso. Eligió al samaritano como el héroe de su narración.

El héroe.

A pesar de que sus discípulos habían deseado que cayera una maldición sobre los samaritanos por su actitud de enemistad, Jesús por el contrario bendice a los samaritanos al tomar a uno de ellos como ejemplo de todo lo que debiera ser un buen prójimo.

Bendecir en vez de maldecir.

Así vivía el Salvador. Así murió. Y tal vez, a fin de cuentas, eso sea lo más instructivo de esta parábola.

Oración

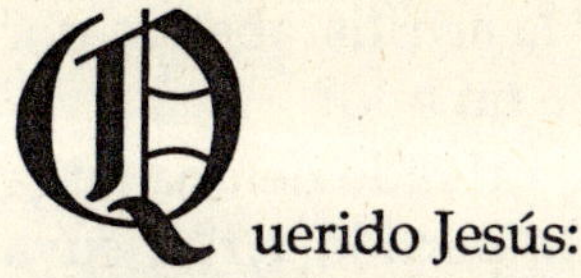

uerido Jesús:

¿Por qué razón tan a menudo presentas a los religiosos en un aspecto desfavorable? Ayúdame a entender eso, Señor. Y ayúdame a ver que, al reflejo de esa luz, se ve la imagen de mí mismo, por borrosa que sea.

Al recorrer el camino hacia mis muchas responsabilidades, ¿cuántas veces me he desviado esquivando a la persona necesitada? ¿Cuántas veces he hecho a un lado esa necesidad como si no fuera asunto mío?

Perdóname, Señor, por estar tan preocupado por mis otros compromisos que me olvido de mi compromiso hacia otras personas. Ayúdame a percatarme de que una gran parte del verdadero ministerio no es lo que anoto en mi agenda sino lo que representa una intromisión en mi agenda.

Mantén la flexibilidad de mis planes, Señor, de manera que cuando mi camino se cruce con alguna persona en necesidad yo esté dispuesto a cambiar mis planes para darles preferencia a los planes tuyos.

Dame un corazón compasivo para que pueda amar a mi prójimo del modo que lo hizo el samaritano. Dame ojos que no desvíen la mirada y pies que no se vuelvan hacia el otro costado del camino.

¿Quién es mi prójimo, Señor?

¿Es esa persona encerrada en su casa, desprovista de su independencia por la artritis, abatida por los años, cuya vida pende de un hilo?

¿Es una víctima de SIDA, privado de una larga existencia, derrotado por un pérfido virus, cuya vida se le extingue silenciosa e inadvertidamente en algún hospital?

¿Es una mendiga, despojada de su hogar, maltratada por la dura realidad del pavimento, mantenida con vida gracias a las moneditas de unos pocos desconocidos bondadosos?

¿Es el viejo de la calle, despojado de su dignidad y azotado por el alcohol, medio muerto de hambre, que revisa un basurero procurando el pan de cada día?

¿Es la vecina de la casa de al lado, despojada de su felicidad, amoratada por los golpes de un matrimonio malogrado, con deseos de estar muerta?

¿Es esa persona al otro extremo del pasillo, destituida de sus bienes materiales, abatida por la economía, cuya empresa ha entrado en quiebra?

Muy profundamente en mi interior, Señor, mi corazón conoce la respuesta. Ni siquiera tengo que preguntar. Ésos son mis prójimos.

Ayúdame a amarlos.

Líbrame de esas emociones que mueren antes de nacer, las que contemplan a los que están junto al camino con una lágrima en los ojos pero sin la menor intención de ayudarlos. Graba sobre mi corazón, Señor, que el acto de bondad más pequeño es mejor que la más grande de las intenciones bondadosas.

Ayúdame a tomar conciencia de que, aunque no puedo hacer todo lo que aliviaría el sufrimiento de este mundo, puedo hacer algo. Y aunque ese "algo" sea una cosa muy pequeña, es mejor que volver la cabeza hacia otro lado y alejarme . . .

Un momento instructivo acerca de la vida

Pasaje Bíblico

Le dijo uno de la multitud: Maestro, di a mi hermano que parta conmigo la herencia.

Mas él le dijo: Hombre, ¿quién me ha puesto sobre vosotros como juez o partidor? Y les dijo: Mirad, y guardaos de toda avaricia; porque la vida del hombre no consiste en la abundancia de los bienes que posee.

También les refirió una parábola, diciendo:

La heredad de un hombre rico había producido mucho. Y él pensaba dentro de sí, diciendo: ¿Qué haré, porque no tengo dónde guardar mis frutos?

Y dijo: Esto haré: derribaré mis graneros, y los edificaré mayores, y allí guardaré todos mis frutos y mis bienes; y diré a mi alma: Alma, muchos bienes tienes guardados para muchos años; repósate, come, bebe, regocíjate.

Pero Dios le dijo: Necio, esta noche vienen a pedirte tu alma, y lo que has provisto, ¿de quién será?

Así es el que hace para sí tesoro, y no es rico para con Dios.

Lucas 12:13-21

Meditación

La escena es cómica o trágica; depende de cómo se mire.

Jesús está hablando a una muchedumbre muy apretujada. Lucas nos ha dicho anteriormente que se han reunido miles, alargando el cuello, aguzando los oídos con la esperanza de capturar una o dos perlas de las que caen de labios de Jesús.

Entonces, en medio del sermón de Jesús, un hombre se abre paso a empujones por la muchedumbre hasta llegar a la fila delantera, donde estallan las palabras:

—Maestro, dile a mi hermano que comparta la herencia.

Su rostro está inflamado; su voz suena ansiosa e insistente.

El hombre está tan preocupado por no encontrar un lugar para su hocico en el comedero de la hacienda de la familia que no le importa ninguna otra cosa. Ni siquiera los buenos modales de la sociedad. No le interesa la verdad que Jesús está tratando ni la gente que se ha reunido para escucharlo. Lo único importante para él es él mismo.

Pero Jesús ahuyenta esta petición egoísta:

—Hombre, ¿quién me nombró a mí juez o árbitro entre ustedes?

Sin perder un solo instante, el Salvador convierte la interrupción en un momento instructivo. Advierte a sus seguidores:

— Cuídense ustedes de toda avaricia; porque la vida no depende del poseer muchas cosas.

Y Jesús ilustra la enseñanza con una parábola sobre un hombre acaudalado.

El protagonista es un agricultor. Antes sus manos estaban encallecidas por los años de trabajar la tierra. Pero ahora es rico y puede pagar para que otros se encallezcan las manos. Pero aun así, con sólo mirarlo se puede notar que su riqueza la ha ganado con el sudor de la frente.

Sus ojos están en cierta medida entrecerrados a causa del mucho tiempo pasado bajo el sol caliente. Su rostro desgastado es un tejido de arrugas entrecruzadas por medio de años de preocuparse por sus cosechas: ¿Vendrán temprano las lluvias este año? ¿Regresarán las langostas? ¿Permanecerá estable el precio del grano?

En años pasados él era el primero en levantarse de mañana y el último en ir a la cama por las noches. Se le iban los días controlando el estado de los equipos, supervisando los operarios contratados, caminando pesadamente por los surcos del campo para informarse de primera mano sobre el estado de los cultivos. Pasaba las noches calculando las ganancias a la débil luz de una lámpara de aceite, pensando el modo de exprimir unos cuantos manojos más de cada día.

Pero a medida que los años pasaban volando y sus graneros se llenaban, el rico añoraba el día en que no tuviera que depender de la lluvia, ni combatir las langostas, ni preocuparse por las fluctuaciones en el precio del grano.

Ese día llegó con una cosecha sin precedentes; fue tan abundante que no cabía en sus graneros. Entonces trazó el bosquejo de un último proyecto de construcción, y a la par desplegó sus planes para jubilarse.

— Ya sé lo que voy a hacer. Derribaré mis graneros y levantaré otros más grandes, para guardar en ellos toda mi cosecha y todo lo que tengo. Luego me diré: Amigo, tienes muchas cosas guardadas para muchos años; descansa, come, bebe, alégrate.

Este hombre rico despierta la envidia de todos sus vecinos. A sus ojos él es el paradigma del trabajo duro y la planificación sabia. Pero a los ojos de Dios es un insensato. Ha hecho preparativos para todas las siegas salvo la más importante: la que se llevaría a cabo esa misma noche.

La muerte le llega envuelta en un manto de oscuridad, sin siquiera un susurro de anticipo. Y en una cosecha abrupta y tétrica, se arrebata al hombre rico.

Pero ni un solo grano de sus posesiones lo acompaña.

Todo lo que ha acumulado para sí mismo queda para ser desparramado entre sus herederos. Causará tantas discordias como las que el hombre que estaba esuchando a Jesús sostenía con su hermano por causa de la herencia que había dejado su padre.

¡Qué proyecto más deficiente de administración de sus bienes relictos de parte del rico. Había guardado de todo en sus depósitos, excepto la comprensión de lo que constituye la esencia de la vida.

No había alcanzado a comprender que la vida no gira en torno a las cosas. No depende de cuántos bienes materiales uno reúne. Ni tampoco se centra en disfrutar de lo acumulado.

Pero entonces, ¿cuál es el propósito de la vida?

Cuando Jesús acaba esta parábola, se vuelve hacia sus discípulos y responde a esa pregunta.

> *Por tanto os digo: No os afanéis por vuestra vida, qué comeréis; ni por el cuerpo, qué vestiréis. La vida es más que la comida, y el cuerpo que el vestido. Considerad los cuervos, que ni siembran, ni siegan; que ni tienen despensa, ni granero, y Dios los alimenta. ¿No valéis vosotros mucho más que las aves? ¿Y quién de vosotros podrá con afanarse añadir a su estatura un codo? Pues si no podéis ni aun lo que es menos, ¿por qué os afanáis por lo demás?*
>
> *Considerad los lirios, cómo crecen; no trabajan, ni hilan; mas os digo, que ni aun Salomón con toda su gloria se vistió como uno de ellos. Y si así viste Dios la hierba que hoy está en el campo, y mañana es echada al horno, ¿cuánto más a vosotros, hombres de poca fe? Vosotros, pues, no os preocupéis por lo que habéis de comer, ni por lo que habéis de beber, ni estéis en ansiosa inquietud. Porque todas estas cosas buscan las gentes del mundo; pero vuestro Padre sabe que tenéis necesidad de estas cosas. Mas buscad el reino de Dios, y todas estas cosas os serán añadidas.*

No temáis, manada pequeña, porque a vuestro Padre le ha placido daros el reino. Vended lo que poseéis, y dad limosna; haceos bolsas que no se envejezcan, tesoro en los cielos que no se agote, donde ladrón no llega, ni polilla destruye. Porque donde está vuestro tesoro, allí estará también vuestro corazón.

La vida. Se trata de mucho más que tener lo necesario para seguir viviendo. Se trata de dónde ponemos nuestra confianza y dónde depositamos nuestro tesoro. Se trata de ser rico con relación a Dios.

Triste es que el rico de la parábola no pudiera estar en el grupo de personas que escucharon ese consejo sobre las inversiones. Irónico también que un hombre que vivió su vida tan cerca del suelo fuera tan sordo a las parábolas que Dios tenía escondidas allí.

¿No habría escuchado este hombre el mensaje de las flores silvestres que en su mismo campo se abrían y luego se marchitaban? Decían: "Toda carne es hierba, y toda su gloria como flor del campo." ¿Habría pensado que su propia gloria de alguna manera se zafaría de ese destino y mantendría su flor por siempre?

Tal vez si hubiera estado menos preocupado por cuidar de sí mismo, podría haber oído las parábolas que le predicaban los lirios del campo y los cuervos del aire. Lirios que crecían allí mismo, bajo sus pies. Cuervos que revoloteaban justamente sobre su propia cabeza.

Esos breves instantes instructivos con el Salvador cayeron sobre miles de oídos. Pero en realidad sólo algunos escucharon. Y el que menos escuchó fue el hombre que sufría más de ansiedad: aquel que interrumpió a Jesús en pleno sermón.

Qué comedia. Qué tragedia.

Se preocupaba por obtener una parte de una finca cuando se le estaba ofreciendo todo un reino. Se le colocaba una perla de gran precio bajo los ojos y él seguía hurgando por todos lados procurando unos cuantos granos de maíz que hubieran quedado olvidados.

ORACIÓN

Amado Maestro:

Enséñame cuál es el propósito de la vida.

Ayúdame a comprender que no consiste en posesiones, no importa cuántas sean ni cuán atractivas.

Ayúdame a captar el hecho de que cuantas más cosas yo acumule egoístamente, más serán los graneros que tendré que construir para almacenarlas. También ayúdame a darme cuenta que el precio que pago por el almacenaje de esas cosas va restando de la riqueza de lo que podría ser una vida para ti.

¿En qué aspecto he perjudicado mi alma tratando de enriquecerme? ¿Cuándo he sido necio? Muéstramelo, Señor, mientras haya todavía tiempo para cambiar.

Enséñame que la vida es más que las cosas necesarias para mantenerla. Ayúdame a aprender que si la vida es más que la comida, desde luego también ha de ser más importante que lo bien que luzca el comedor; si la vida es más que el vestir, por supuesto que será más importante que el hecho de que haya suficiente lugar en el guardarropa.

Guárdame de apreciar demasiado esas cosas, Señor. No quiero que mi corazón esté puesto en algún cuarto o armario de la manera que el corazón del rico estaba puesto en sus graneros. Deseo que mi corazón esté contigo, dando valor a las cosas que valoras tú.

Muéstrame cuáles son esas cosas, Señor.

Limpia mi corazón barriendo toda clase de avaricia. Vacía mi guardarropa de los abrigos que otras personas estén necesitando y mi alacena cualquier cosa necesaria para aquellos que no saben de dónde vendrá su próxima comida.

Ayúdame a darme cuenta de que, así como no traje nada a este mundo, tampoco me llevaré nada; y que las únicas riquezas que tendré en el cielo serán las que hayan llegado allí antes que yo, las riquezas que yo haya puesto en manos de los pobres para que tú cuides de ellas . . .

Un momento instructivo acerca de la humildad

Pasaje Bíblico

A unos que confiaban en sí mismos como justos, y menospreciaban a los otros, dijo también esta parábola:

Dos hombres subieron al templo a orar: uno era fariseo, y el otro publicano. El fariseo, puesto en pie, oraba consigo mismo de esta manera: Dios, te doy gracias porque no soy como los otros hombres, ladrones, injustos, adúlteros, ni aun como este publicano; ayuno dos veces a la semana, doy diezmos de todo lo que gano.

Mas el publicano, estando lejos, no quería ni aun alzar los ojos al cielo, sino que se golpeaba el pecho, diciendo: Dios, sé propicio a mí, pecador.

Os digo que éste descendió a su casa justificado antes que el otro; porque cualquiera que se enaltece, será humillado; y el que se humilla será enaltecido.

Lucas 18:9-14

Meditación

Los recaudadores de impuestos son el estiércol que se pega a las sandalias de la comunidad judía. El olor es particularmente repugnante al olfato de los judíos porque los que recaudan los impuestos son compatriotas judíos.

Con licencia del gobierno romano, cobran peaje en los caminos, tarifas sobre las importaciones, e impuestos sobre todo lo que les permita lucrarse. A cada momento, están ellos metiendo la mano en el bolsillo de uno. Y si alguien se resiste, ellos recurren a la fuerza o lo amenazan con entregarlo a la autoridad romana.

Es comprensible, por tanto, que los judíos aborrezcan todo contacto con ellos. Comprensible también la razón de que se frunzan algunos ceños cuando Jesús se agacha hasta ese montón de estiércol para moldear de él a uno de sus discípulos.

> *Después de estas cosas salió, y vio a un publicano llamado Leví, sentado al banco de los tributos públicos, y le dijo: Sígueme. Y dejándolo todo, se levantó y le siguió.*
>
> *Y Leví le hizo gran banquete en su casa; y había mucha compañía de publicanos y de otros que estaban a la mesa con ellos. Y los escribas y los fariseos murmuraban contra los discípulos,*

diciendo: ¿Por qué coméis y bebéis con publicanos y pecadores?

¿Acaso no sabía Jesús que no se puede caminar en un chiquero sin que a uno se le pegue el estiércol a las sandalias? Debiera haber despegado estas personas de sus pies, pero al contrario se sentaba junto a ellos a la mesa, comiendo y bebiendo y (¡Dios se apiade de Él!) disfrutando de su compañía. ¿Por qué? ¿Qué había en esta gentuza que le atraía? Jesús lo explica: "Los que están sanos no tienen necesidad de médico, sino los enfermos. No he venido a llamar a justos, sino a pecadores al arrepentimiento."

Ese llamado lo escuchó uno de los cobradores de impuestos que estaba sentado a la mesa de Leví. Lo perturbó durante toda la noche, y seguía perturbándolo toda la mañana siguiente. Al mediodía ya no podía soportarlo más y respondió al llamado.

Da la casualidad que esa es la hora de la oración, uno de los momentos designados para que todo judío devoto vaya al templo a orar. Como un torrente continuo, los que dicen plegarias fluyen por el pórtico occidental, atraviesan el patio externo para los gentiles y entran en el patio interior de los israelitas. El recaudador de impuestos se encuentra atrapado en la marea de gente y ese flujo lo arrastra consigo.

Una vez dentro del predio del templo, sus pasos se vuelven inseguros. Le resulta poco conocido este territorio, este suelo santo. El sol del mediodía lo hace aun más consciente de su condición y se retira hacia las sombras de las columnas de mármol que bordean el atrio.

Al amparo de esas sombras se le llenan de lágrimas los ojos. Su cabeza cae hacia adelante y el remordimiento se desprende goteando de su alma y marcando con puntos las piedras del piso debajo de él.

Un fariseo también llega a esta hora de la oración. Viene todos los días en cada uno de los horarios designados para la oración. Se detiene y se ubica en algún punto en el centro del atrio, su lugar habitual.

Al orar, no dirige su mirada hacia arriba en adoración, ni hacia abajo en remordimiento, sino hacia los lados comparándose con los otros que se han reunido allí. Sus ojos repasan el rastro de pecados grabados sobre sus rostros en forma tan perceptible. Le satisface la comparación.

> *Oh Dios, te doy gracias porque no soy como los demás, que son ladrones, malvados y adúlteros, y porque tampoco soy como ese cobrador de impuestos. Yo ayuno dos veces a la semana y te doy la décima parte de todo lo que gano.*

La posición de su cuerpo es erguida. Está orgulloso de haber resistido con determinación las tentaciones que han arruinado a hombres inferiores. Y está orgulloso de haber sido un ejemplo para otros. Ayuna dos veces por semana, lo cual supera los requisitos de la ley. Da la décima parte de todas sus entradas, lo cual está por encima de lo que practican sus semejantes.

Haciendo un inventario, el fariseo está satisfecho con el informe acerca de su vida. El recaudador de impuestos, por el contrario, no lo está.

¡Oh Dios, ten compasión de mí, que soy pecador!

Está de pie manteniendo la distancia, sollozando. Está dolorosamente consciente de los pecados que pesan en su contra, pero tiene demasiada vergüenza como para enumerarlos. Sabe bien de su avaricia. Conoce sus engaños. Sabe que el libro de deudas tiene anotadas con su nombre todas sus injusticias.

Por eso no se alzan sus párpados. Por eso se golpea el pecho con los puños. Y por eso se para en un rincón del patio; sus únicos compañeros son las sombras que arrojan las columnas de piedra fría e indiferente.

Sin embargo, Dios ve al recaudador de impuestos sumido en las sombras. Su corazón desborda de compasión por ese hombre y en sus ojos brilla la aceptación.

En esa misma ciudad, un par de generaciones más adelante, cuando yacía sobre su lecho de muerte un venerado maestro, el rabí Eliezer ben Hyrcano, sus discípulos le pidieron que les enseñara los caminos de la vida. Sus últimas palabras a ellos fueron las siguientes: "Cuando oren, consideren ante quién se encuentran."

En ese atrio, a esa precisa hora de la oración, tanto el fariseo como el cobrador de impuestos se dieron cuenta de *dónde* estaban.

Sólo uno de los dos se dio cuenta de ante *quién* estaba.

Eso fue lo que abatió al cobrador de impuestos. Y eso fue lo que lo elevó desde la condición del estiércol debajo de las sandalias de todos para que fuera una delicia a los ojos del Todopoderoso.

ORACIÓN

Dios:

Ten compasión de mí, que soy pecador . . .

UN MOMENTO INSTRUCTIVO ACERCA DEL PERDÓN

Pasaje Bíblico

Uno de los fariseos rogó a Jesús que comiese con él. Y habiendo entrado en casa del fariseo, se sentó a la mesa. Entonces una mujer de la ciudad, que era pecadora, al saber que Jesús estaba a la mesa en casa del fariseo, trajo un frasco de alabastro con perfume; y estando detrás de él a sus pies, llorando, comenzó a regar con lágrimas sus pies, y los enjugaba con sus cabellos; besaba sus pies, y los ungía con el perfume.

Cuando vio esto el fariseo que le había convidado, dijo para sí: Este, si fuera profeta, conocería quién y qué clase de mujer es la que le toca, que es pecadora.

Entonces respondiendo Jesús, le dijo: Simón, una cosa tengo que decirte.

Y él le dijo: Di, Maestro.

Un acreedor tenía dos deudores; el uno le debía quinientos denarios, y el otro cincuenta; y no teniendo ellos con qué pagar, perdonó a ambos. Di, pues, ¿cuál de ellos le amará más?

Respondiendo Simón, dijo: Pienso que aquel a quien perdonó más.

Y él le dijo: Rectamente has juzgado.

Y vuelto a la mujer, dijo a Simón: ¿Ves esta mujer? Entré en tu casa, y no me diste agua para mis pies; mas ésta ha regado mis pies con lágrimas, y los ha enjugado con sus cabellos. No me diste beso; mas ésta, desde que entré, no ha cesado de besar mis pies. No ungiste mi cabeza con aceite; mas ésta ha ungido con perfume mis pies. Por lo cual te digo que sus muchos pecados le son perdonados, porque amó mucho; mas aquel a quien se le perdona poco, poco ama.

Y a ella le dijo: Tus pecados te son perdonados.

Y los que estaban juntamente sentados a la mesa, comenzaron a decir entre sí: ¿Quién es éste, que también perdona pecados?

Pero él dijo a la mujer: Tu fe te ha salvado, ve en paz.

Lucas 7:36-50

MEDITACIÓN

Se trata de una prostituta. Los atardeceres los pasa en una esquina buscando clientes; las mañanas duerme la mona.

Bebe con sus amantes para poder sobrellevar la noche. Bebe a solas cuando ellos ya han partido. Finalmente bebe hasta poder conciliar el sueño. Para ella el vino no es una bebida; es un antídoto contra la angustia. La insensibiliza. Y lo mejor que puede esperar sentir es la sensación de adormecimiento.

Es la hora del ocaso y una vez más ella se sirve un trago. Se recuesta un momento sobre la cama y fija la vista en el cielo raso entremezclando sus pensamientos con las especias aromáticas que impregnan las sábanas.

¿Cuántas veces ha estado echada allí con algún hombre, fijos los ojos en el cielo raso, simulando disfrutar, simulando que no solo se le quería sino que se le necesitaba y además (la más audaz de sus fantasías) que se le amaba?

Pero se da cuenta de que se le quería para una cosa solamente, se le necesitaba por una noche, y no se le amaba para nada.

Suspira al levantarse porque se debe preparar para una noche más. Alrededor del cuello se ata un collar del que pende un pequeño perfumador de alabastro. Acomoda su cabello de manera seductora, atavía sus hombros con algunas pañoletas llamativas, embadurna el rostro con un poco de color y se pone un par de aretes de brillante pedrería.

Sale hacia la acostumbrada esquina; allí toma el frasquito y con el dedo se aplica un poco de perfume sobre el cuello. Ha conocido toda clase de hombres en esa esquina, desde vendedores y los que les cobran impuestos hasta aquellos que reciben los diezmos de ellos.

Quieren pasar la noche con ella, pero a la mañana se marchan. Los hombres. Son todos iguales.

Al menos eso es lo que ella piensa hasta que conoce a Jesús.

Llega a conocerlo cuando él se dirige a una cena donde está invitado. Al acercarse él a la esquina que ella frecuenta, ella confía en que su perfume lo atraerá. Por si eso fracasa, ella mueve con una mano el pendiente de su oreja para llamar la atención.

Pero los ojos de Él no recorren la forma de su cuerpo. En lugar de eso, penetran más allá de las joyas y las pañoletas averiguando qué es lo que la trae a esta esquina callejera noche tras noche.

Ella siente que sus ojos palpan la forma hueca de su alma, y en un acto de modestia poco típico, se cubre el rostro con una pañoleta.

Él le habla y en un instante ella percibe que éste seguramente debe de ser un profeta. De lo contrario, ¿cómo puede conocer su vergüenza silenciosa?

Si no lo es, ¿cómo puede saber sus anhelos secretos?

Él le dice que el amor al que ella aspira no se encuentra en esa esquina de la calle. Le habla de un amor tan puro que puede lavar como un torrente de agua todo su pecado, no importa lo fea que sea la mancha ni lo fija que aparente estar en la superficie. Es el amor de Dios. Y puede ser para ella si lo pide.

Ella escucha en un silencio velado. Unas palabras más y Jesús prosigue su camino hacia el lugar de la cena. Al marcharse Él, ella deja caer su velo. La conciencia cava en su alma como una pala. Tanteando se lleva la mano al pecho, pero lo único que logra palpar es el frío frasco de alabastro que descansa en su seno.

La idea de que alguien pueda amarla de ese modo — ni que hablar de que sea Dios — la doblega. Cae de rodillas, implorando su perdón, rogando que le sea dado conocer su amor.

Se incorpora, desorientada, y corre calle abajo. Acosa a la gente averiguando si han visto a Jesús, si saben adónde fue. Registra las calles, los pasillos, pero parecería que la noche lo ha tragado. Luego de media hora de ansiosa búsqueda, encuentra a alguien que cree haber visto a Jesús entrar en casa de Simón.

Llega a la casa del fariseo, sin aliento, palpitándole el corazón contra las costillas como un pájaro sorpresivamente enjaulado.

Desde la puerta abierta ve mullidas alfombrillas alrededor de una mesa baja donde se reclinan los invitados apoyados sobre los codos. La servidumbre está ocupada llenando copas y rellenando bandejas de comida, por eso ella encuentra la forma de ingresar en el recinto sin ser vista.

Con reverencia se acerca a la mesa y se detiene a los pies de ese que es ahora su Salvador.

De pronto la atención de todos se vuelve hacia ella y musitan: "Miren quién acaba de aparecer" . . . "¿Una pecadora en casa de Simón?" . . . "Esto se pone interesante" . . .

Consciente de todas las miradas, agarra el frasquito de alabastro que se mece en su cuello, luego, sollozando, cae sin fuerzas en medio de todas sus pañoletas. Esconde su rostro entre los pies del Salvador regándolos con el amor que se derrama de sus ojos.

Simón se incorpora. Esta situación pone al anfitrión en un aprieto. Conoce la mala fama de esta mujer. Si Jesús fuera realmente profeta, también lo sabría, le dice su razonamiento. Y si Jesús fuera un hombre recto, con seguridad que la apartaría con una buena reprimenda.

Pero Jesús ni la reprende ni la echa fuera.

Secándose los ojos, la mujer ve el desaliño que han causado sus lágrimas al mezclarse con el polvo en los pies de él. Ella se suelta sus cabellos para limpiar y secar esos pies. Al hacerlo, los besa.

Ese cabello que se empleaba en la seducción ahora se emplea en el servicio. Los besos que se ponían antes en venta ahora se depositan voluntariamente.

Ahora, como para limpiar a Jesús de la indignidad de esos besos, ella abre el envase de perfume y deja caer la dulce fragancia sobre sus pies.

El aroma llena la habitación y los pensamientos atraviesan la mente de Simón con tanta rapidez que casi tropiezan unos con otros. *¡Qué escándalo! ¿Cómo puede Jesús permitirle que continúe haciendo estas cosas? ¿No sabe quién es esa mujer?*

Jesús muestra que en efecto Él es profeta, no al demostrar que discierne la moralidad de la vida de esta mujer, sino al percibir el pensamiento del hombre que lo había invitado. Despeja la confusión en la mente de Simón con una parábola.

—Dos hombres le debían dinero a un prestamista. Uno le debía quinientos denarios, y el otro cincuenta; y como no le podían pagar, el prestamista les perdonó la deuda a los dos. Ahora dime, ¿cuál de ellos le amará más?

—Me parece que el hombre a quien más le perdonó.

El fariseo concuerda un poco de mala gana. Sin embargo, la deuda por la que Jesús pide cuentas no es precisamente la de la prostituta; es la del fariseo.

—Entré en tu casa, y no me diste agua para mis pies; en cambio, esta mujer me ha bañado los pies con sus lágrimas y los ha secado con sus cabellos. No me besaste, pero ella, desde que entré, no ha dejado de besarme los pies. No me pusiste aceite en la cabeza, pero ella ha derramado perfume sobre mis pies.

El perdón que se ha prodigado generosamente sobre esta mujer se hace evidente por el amor que ella ha prodigado a Jesús. Lágrimas, cabello, besos, perfume. Muestras de su amor. Testimonios de haber sido perdonada.

Esa mujer que hasta entonces anduvo en la noche halló en el Salvador lo que nunca hubiera podido encontrar en la calle. Perdón para sus pecados. Salvación para su alma. Paz para su corazón. Y el amor que ella anhelaba tan desesperadamente. Amor que no permanecería con ella tan sólo una noche, sino para siempre.

Oración

Amado Señor:

Perdóname por todas las maneras en que he prostituido mi vida. Por la forma en que he llamado la atención sobre mí mismo. Por el modo en que he comprometido mi buen nombre. Por haber degradado mi vida y la vida de otros.

Mi deuda es grande, oh Señor.

Perdóname por todas las ocasiones en que me he comportado como el fariseo. Por las veces en que he juzgado el corazón de una persona guiándome por la ropa que tenía encima. Por haber menospreciado a alguien que te estaba adorando en un estilo diferente al mío. Por todos los momentos en que me he recreado en tu presencia sin una sola lágrima.

Mi deuda es grande, oh Señor.

Perdona los pecados que he cometido, que son muchos, tantos como los de la prostituta. Perdóname por las oportunidades que he desperdiciado, que son muchas, tantas como las del fariseo.

Mi deuda es grande, oh Señor.

Ayúdame a comprender la magnitud de esa deuda para que yo pueda apreciar hasta qué punto llega tu generosidad al anularla y para que pueda amarte mucho más . . .

UN MOMENTO INSTRUCTIVO ACERCA DE NUESTRO PADRE

Pasaje Bíblico

Se acercaban a Jesús todos los publicanos y pecadores para oírle, y los fariseos y los escribas murmuraban, diciendo: Este a los pecadores recibe, y con ellos come.

Entonces él les refirió esta parábola, diciendo:

Un hombre tenía dos hijos; y el menor de ellos dijo a su padre: Padre, dame la parte de los bienes que me corresponde; y les repartió los bienes.

No muchos días después, juntándolo todo el hijo menor, se fue lejos a una provincia apartada; y allí desperdició sus bienes viviendo perdidamente. Y cuando todo lo hubo malgastado, vino una gran hambre en aquella provincia, y comenzó a faltarle. Y fue y se arrimó a uno de los ciudadanos de aquella tierra, el cual le envió a su hacienda para que apacentase cerdos. Y deseaba llenar su vientre de las algarrobas que comían los cerdos, pero nadie le daba.

Y volviendo en sí, dijo: ¡Cuántos jornaleros en casa de mi padre tienen abundancia de pan, y yo aquí perezco de hambre! Me levantaré e iré a mi padre, y le diré: Padre, he pecado contra el cielo y contra ti. Ya no soy digno de ser llamado tu hijo; hazme como a uno de tus jornaleros. Y levantándose, vino a su padre.

Y cuando aún estaba lejos, lo vio su padre, y fue movido a misericordia, y corrió, y se echó sobre su cuello, y le besó.

Y el hijo le dijo: Padre, he pecado contra el cielo y contra ti, y ya no soy digno de ser llamado tu hijo.

Pero el padre dijo a sus siervos: Sacad el mejor vestido, y vestidle; y poned un anillo en su mano, y calzado en sus pies. Y traed el becerro gordo y matadlo, y comamos y hagamos fiesta; porque este mi hijo muerto era, y ha revivido; se había perdido, y es hallado. Y comenzaron a regocijarse.

Y su hijo mayor estaba en el campo; y cuando vino, y llegó cerca de la casa, oyó la música y las danzas; y llamando a uno de los criados, le preguntó qué era aquello. El le dijo: Tu hermano ha venido; y tu padre ha hecho matar el becerro gordo, por haberle recibido bueno y sano.

Entonces se enojó, y no quería entrar. Salió por tanto su padre, y le rogaba que entrase. Mas él, respondiendo, dijo al padre: He aquí, tantos años te sirvo, no habiéndote desobedecido jamás, y nunca me has dado ni un cabrito para gozarme con mis amigos. Pero cuando vino este tu hijo, que ha consumido tus bienes con rameras, has hecho matar para él el becerro gordo.

El entonces le dijo: Hijo, tú siempre estás conmigo, y todas mis cosas son tuyas. Mas era necesario hacer fiesta y regocijarnos, porque este tu hermano era muerto, y ha revivido; se había perdido, y es hallado.

Lucas 15:1-3, 11-32

MEDITACIÓN

La palabra *fariseo* significa "apartado". Los fariseos constituían una secta severa y conservadora cuyos miembros se mantenían separados, no sólo de todo contacto con los gentiles y judíos pecaminosos, sino también de los judíos menos consagrados que ellos.

Para los fariseos, la pureza era una obsesión. Pureza en lo doctrinal. Pureza en lo moral. Pureza en lo ritual. Pureza en lo racial. Pureza en lo social. Abarcaba todos los aspectos de su vida: desde el modo en que preparaban sus comidas hasta el modo en que se lavaban las manos antes de comerlas, y hasta las personas con las que se sentaban a comer.

Compartir una comida con un pecador o un recaudador de impuestos no sólo sería una contaminación sino que significaría una aceptación implícita de su manera de vivir.

"¿Cómo puede Jesús hacer algo así? — murmuraban entre sí los fariseos —. ¿Cómo puede tolerar que esas personas lo toquen, que lo apretujen, y peor aun, que coman con él? ¿No le da importancia a la pureza? ¿No tiene consideración por la tradición de los ancianos? ¿Qué clase de ejemplo está dando? ¿Qué clase de mensaje está transmitiendo?

Cuando Jesús oye sus murmuraciones, enlaza tres parábolas para ilustrar la razón por la que disfruta de la compañía de pecadores. Estas parábolas están relatadas en progresión climática. Una oveja perdida. Una moneda perdida. Un hijo perdido. En la parábola culminante, Jesús coloca a estos separatistas religiosos como personajes clave en su historia.

No se nos dice por qué motivo el hijo menor desea abandonar el hogar. Puede ser que esté harto de ese hermano suyo tan justiciero. Harto de sus reacciones censuradoras. Harto de sus miradas de forzada tolerancia. Harto de sus observaciones mordaces.

Tal vez sienta que nunca logrará ser como él, que a los ojos de su padre nunca será como ese hermano.

Quizá siente que tiene que cargar con demasiada responsabilidad, que el trabaja que implica la administración de una granja es demasiado.

O puede ser que esté deseando dar rienda suelta a sus pasiones, y que le moleste que su padre intente refrenarlas. Quizá quiere encontrar un campo abierto donde nadie lo retenga.

Cualquiera que sea la razón, él quiere salir.

—Padre, dame la parte de la herencia que me toca.

¡Cómo habrá abatido al padre oír esas palabras!

Pero así como Dios no cercó el árbol prohibido para aislarlo de Adán y Eva, así tampoco este padre aparta a su hijo de las lujuriantes tentaciones que penden de las ramas en un país distante. Lo deja partir, manteniendo todo el tiempo la esperanza de que el camino que lo aleja de la casa sea el mismo que un día lo traiga de regreso.

Cuando el hijo llega a la cumbre de la última loma y desaparece más allá del horizonte, el padre pierde el control y solloza. Pero el hijo no ve esas lágrimas. Se ha marchado para ver el mundo, y no mira atrás.

Lleva consigo una bolsa de dinero y encuentra pronto un círculo de amigos entusiastas para ayudarle a gastarlo. Come toda la comida que quiere, bebe todo el vino que quiere, no se priva de ninguna mujer que quiere. Y no tiene ninguna responsabilidad a no ser la de pagar la taberna al final de la velada.

Está decidido a probar todas las frutas, por prohibidas que sean, que la vida tenga para ofrecer. Está decidido a alejar de su mente el hogar tanto como le sea posible.

Pero aunque el hijo haya olvidado a su padre, el padre no lo ha olvidado a él. A la hora de cada comida, el lugar vacío en la mesa le recuerda a su hijo ausente. Cada vez que pasa cerca del dormitorio vacío, lo envuelve un torrente de recuerdos. Cada vez que ve a su hijo mayor, eso le trae a la memoria al otro hijo, al que no verá. Quizá nunca más.

En lo que respecta a ese hijo, la fiesta continúa. A una noche estridente sigue otra. Hasta que una mañana se despierta con algo más que la resaca que deja una borrachera. Esa mañana se ha terminado el dinero. Y también los amigos. Entonces también cae sobre toda la región la escasez de alimentos. Y de pronto se encuentra completamente desprovisto, en un país distante, lejos de la felicidad que creía que iba a encontrar allí.

Deambula de puerta en puerta mendigando trabajo. Pero ahora es un vagabundo sin dinero y el único trabajo que puede conseguir es la tarea de cebar cerdos.

Tan grave es la hambruna que los cerdos son de más valor que las personas que los cuidan. Las mejillas del muchacho están hundidas. Sus ojos parecen huecos. La piel forma hoyos a los lados de sus costillas. Está dispuesto a arrastrarse para alimentarse con los cerdos . . . cuando por fin sienta cabeza.

Lo que lo hace entrar en razón es una visión de su hogar: la escena de su padre atendiendo siempre tan bien al más insignificante de los obreros a jornal. Esa escena es el factor que le hace volver la espalda al país extranjero y emprender la larga caminata a casa. Quizá pudiera sumarse como uno de los sirvientes de su padre. Se trata de trabajo pesado, ya lo sabe, pero contando con tres comidas diarias tendría al menos fuerzas suficientes para realizarlo.

Mientras el hijo está en el camino que lo lleva a casa, el padre está de rodillas. ¿Cuántas plegarias ha elevado ya? ¿Cuántas lágrimas ha derramado? ¿Cuántas noches ha pasado sin dormir? ¿Cuántas horas al día se ha preguntado sobre el paradero de su hijo, ansioso por su seguridad, anhelando su regreso? ¿Cuántas veces al final de un día se ha sentado delante de su casa escutando el horizonte como si fuera el renglón de un salmo de , procurando encontrar una palabra de esperanza?

Una tarde, casi al anochecer, mientras el padre estudia el contorno de ese horizonte, como un signo de puntuación aparece un punto. Hace un esfuerzo por concentrar la vista (pues sus ojos ya no ven como antes) y aquel punto se vuelve más visible. Lo sigue con la mirada mientras éste recorre el sendero ondulante, hasta que finalmente reconoce ese modo de caminar que le es familiar. Es más fatigoso de lo que él recordaba . . . ¡pero es el caminar de su hijo! Y una erupción de emoción lo empuja a la carrera.

Al acortar la distancia, el padre ve los consumidos vestigios de la persona que abandonó el hogar hace tanto tiempo. El hijo está desaseado, desfalleciendo de hambre, sus piernas zancudas apenas si lo sostienen. Pero con la escasa fuerza que tiene, ensaya una vez más la confesión que ha redactado. Quiere estar seguro de que le salga bien.

Cuando al fin el padre lo alcanza, no hace que el hijo se arrastre por tierra. No lo interroga para cerciorarse de que haya aprendido la lección. Y no le larga un discurso del tipo: "Mira cómo vienes; eres nuestra vergüenza", o "Ya sabía yo que cuando se terminara el dinero volverías con la cabeza baja", o "Puedes regresar a casa, pero sólo con una condición . . ."

El padre no dice ninguna de estas cosas.

En lugar de eso, echa sus brazos alrededor del cuello de su hijo y descarga sobre él una llovizna de besos mientras las lágrimas manan de sus ojos en un desbordamiento de emoción. El hijo intenta recitar la confesión que había compuesto con tanto esmero, pero el padre no escucha sus palabras. No son importantes.

Para el padre es suficiente que su hijo esté vivo y que haya vuelto a casa.

Para cubrir la dignidad perdida, el padre confiere a su hijo un manto de honor. A los pies descalzos del sirviente, les calza las sandalias de un hijo. A la mano que despilfarró toda una herencia, le da el anillo de sello con lo cual el padre vuelve a instaurar la posición de autoridad del hijo en los asuntos familiares. Para ese estómago vacío, celebra una fiesta digna de un rey.

Un manto, un par de sandalias, un anillo, una fiesta. Símbolos de perdón, pero no sólo de eso sino también de restauración. Dones de gracia entregados prolíficamente a aquel que menos los merecía.

Entra el hermano mayor. Ese responsable hermano mayor que no tiene en su ser ni una pizca de delincuente. Y de pronto en la música de la fiesta suena un tono disonante. Se encoleriza a causa de la fiesta y se niega a participar.

Al llegar a este punto en la narración del relato, los fariseos y los maestros de la ley se ven a sí mismos retratados en el papel del hermano mayor. Pero aun están sordos al hecho de que su personaje es trágico. Sus oídos sólo oyen la indignación justificada del hermano mayor, no el doliente llamado del padre.

Las palabras del padre no son autoritarias sino afectuosas:

— Hijo mío, tú siempre estás conmigo, y todo lo que tengo es tuyo. Pero es muy justo hacer fiesta y alegrarnos, porque tu hermano, que estaba muerto, ha vuelto a vivir; se había perdido y lo hemos encontrado.

La parábola nos revela el gozo que estalla en el cielo cuando una persona — aunque sea tan sólo una — halla el camino a los brazos del Padre. Pero también revela algo más.

Dijo Jesús: "Nadie sabe quién es el Padre, sino el Hijo y aquellos a quienes el Hijo quiera darlo a conocer."

En la parábola, Jesús nos muestra un ejemplo de cómo debiera ser un padre terrenal: tierno, compasivo, comprensivo, demostrativo de su amor. Pero nos muestra algo más: entreabre la puerta del cielo, aunque sea sólo un poco, para revelarnos a su propio Padre.

A través de esa estrecha abertura vemos la pureza que los fariseos no parecían comprender. La pureza del amor de un padre. Un amor que no reconoce favoritos. Un amor que se extendía al prófugo perdido en un país lejano, y no sólo a él, sino también al fariseo perdido en el umbral mismo de la casa paterna.

Oración

Amado Hijo del Padre:

¡Cómo ha de dolerte cuando te vuelvo la espalda y me alejo! ¡Cómo has de llorar cuando me ves desaparecer en el lejano horizonte para malgastar mi vida en un país distante!

Gracias porque si bien algunas veces me he alejado del hogar, nunca me he ido de tu corazón. Aunque yo me he olvidado de ti, tú nunca te has olvidado de mí.

Gracias por la crisis económica, o la escasez o el chiquero, o cualquier otra cosa que fuera necesaria para hacerme entrar en razón. Y gracias porque, aunque lo que me trajo al hogar fue el dolor del hambre en vez del dolor de la conciencia, a pesar de todo, aun en esas condiciones tú me diste una buena acogida cuando regresé.

Gracias por el perdón y la restauración que me has prodigado en abundancia . . . a mí, quien más los necesitaba pero menos los merecía.

Confieso que dentro de mi ser encuentro no sólo a un hijo insensato sino también a un hermano mayor criticón.

Algunas veces he sido muy obediente, pero a la vez demasiado orgulloso de haber cumplido con mis obligaciones. ¡Qué generoso he sido al opinar sobre mí mismo y sin embargo qué rígido al opinar sobre los demás! ¡Cuán a menudo he sido crítico, y cuán rara vez he entrado en tu gozo!

Reúne en tus brazos amorosos, Señor, a la parte irresponsable de mí mismo y a la parte severa de mí mismo. Y trae ambas de vuelta a casa . . .

Un momento instructivo acerca de la oración

Pasaje Bíblico

Aconteció que estaba Jesús orando en un lugar, y cuando terminó, uno de sus discípulos le dijo: Señor, enséñanos a orar, como también Juan enseñó a sus discípulos.

Y les dijo: Cuando oréis, decid:

Padre nuestro que estás en los cielos,
santificado sea tu nombre.
Venga tu reino.
Hágase tu voluntad,
como en el cielo,
así también en la tierra.
El pan nuestro de cada día,
dánoslo hoy.
Y perdónanos nuestros pecados,
porque también nosotros perdonamos
a todos los que nos deben.
Y no nos metas en tentación,
mas líbranos del mal.

Les dijo también: ¿Quién de vosotros que tenga un amigo, va a él a medianoche y le dice: Amigo, préstame tres panes, porque un amigo mío ha venido a mí de viaje, y no tengo qué ponerle delante; y aquél, respondiendo desde adentro, le dice: No me molestes; la puerta ya está cerrada, y mis niños están conmigo en cama; no puedo levantarme, y dártelos? Os digo, que aunque no se levante a dárselos por ser su amigo, sin embargo por su importunidad se levantará y le dará todo lo que necesite.

Y yo os digo: Pedid, y se os dará; buscad, y hallaréis; llamad, y se os abrirá. Porque todo aquel que pide, recibe; y el que busca, halla; y al que llama, se le abrirá.

¿Qué padre de vosotros, si su hijo le pide pan, le dará una piedra? ¿o si pescado, en lugar de pescado, le dará una serpiente? ¿O si le pide un huevo, le dará un escorpión? Pues si vosotros, siendo malos, sabéis dar buenas dádivas a vuestros hijos, ¿cuánto más vuestro Padre celestial dará el Espíritu Santo a los que se lo pidan?

Lucas 11:1-13

MEDITACIÓN

En el fondo, los discípulos no eran más que niños.

Jesús les dijo:

—Síganme, y yo haré que ustedes sean pescadores de hombres.

Y al instante los discípulos dejaron caer de sus manos las redes de pesca y lo siguieron.

¿Quién, que no sea un niño, abandonaría tan imprudentemente sus responsabilidades de adulto por una promesa de aventura tan insegura?

Seguir a Jesús era como haber caído en un cuento de hadas. El agua se convertía en vino. Miles de personas comían del cesto de merienda de un muchachito. Un mar borrascoso se calmaba instantáneamente. Un ciego era sanado. Un poseído por un demonio era libertado. Una criatura muerta volvía a vivir.

Los discípulos tenían los ojos tan desmesuradamente abiertos como niños en el país de las maravillas. Siempre alzaban una mano queriendo hacer una pregunta. Siempre ávidos de aprender.

—Señor, enséñanos a orar.

Los discípulos habían visto orar a Jesús en muchas oportunidades. Algunas veces se despertaban entumecidos en mitad de la noche y descubrían que Él se había alejado de esa exhausta banda de hombres acurrucados en posición fetal procurando conservar el calor alrededor de las grises brasas de la fogata. Lo encontrarían en algún lugar apartado y solo, orando. Y de cuando en cuando, en la quietud de la noche, podían oír su voz.

Sus oraciones no eran una dorada filigrana de palabras, como eran las oraciones de los líderes religiosos que ellos estaban tan acostumbrados a oír. Tampoco eran los balbuceos en estado de éxtasis que llegaban a sus oídos procedentes de los templos paganos. Tenían la calidez de la confianza de un hijo cuando habla con su padre.

Los discípulos anhelaban esa clase de intimidad con Dios, pero no sabían lograrla.

—Señor, enséñanos a orar, lo mismo que Juan enseñó a sus discípulos.

Así que Jesús se sienta y les enseña. La lección no es tanto lo que uno esperaría hallar en la biblioteca de un seminarista, sino más bien lo que uno encontraría en la pared sobre la cama de un niño. Podría asemejarse a un dechado bordado. A un lado podría verse un ángel, hábilmente diseñado por la aguja, arrodillado junto a un niño que ora.

Padre,
santificado sea tu nombre.
Venga tu reino.
Danos el pan suficiente
para cada día.
Perdónanos nuestros pecados,
porque también nosotros perdonamos

a todos los que nos han hecho mal.
Y no nos expongas a la tentación."

Qué modo tan infantil de encarar el asunto. Qué sencillez en los pedidos. En esa oración sin calculadas apariencias se nos enseña a traer a Dios nuestras esperanzas para el futuro así como el hambre que sentimos en este preciso momento; se nos enseña a traer los fracasos de ayer así como los temores por mañana.

Si hacemos así, Dios no nos rechazará. Sin embargo, como todo buen padre, pesa detenidamente nuestros pedidos antes de concederlos. En ese ínterin, a menudo nos ponemos inquietos mientras nos toca esperar, como los niños. En nuestra impaciencia corremos el peligro de distorsionar tanto nuestras necesidades como la respuesta que éstas reciban de Él.

Cuando nuestras necesidades son desesperadas, nos parecemos al hombre de la parábola que se encontraba con la alacena vacía cuando inesperadamente le llegó a su casa un amigo de viaje. Frenéticamente corremos a buscar a Dios, pero en la búsqueda sentimos solamente la cortante soledad de las calles oscuras y desoladas. Llegamos hasta la puerta del cielo, pero parece estar trancada por dentro. Golpeamos, pero parece que estuviéramos despertando a Dios de su sueño. Lo llamamos en voz alta para que nos ayude, pero lo único que oímos es la apagada voz de un brusco rechazo. Entonces golpeamos más recio y gritamos más fuerte. Y cuando la puerta finalmente se abre, sentimos como si Dios hubiera venido a ayudarnos de mala gana.

Esa es una distorsión de la imagen de Dios y de cómo Él responde a nuestras oraciones. Consideremos nuevamente la parábola. El amigo, exasperado, dice:

— No me molestes: La puerta está cerrada, y mis hijos y yo estamos en la cama; no puedo levantarme a darte nada.

¿Se fijó? Examinemos esto más de cerca. Acurrucados a su lado están los hijos de este hombre. Imaginemos cuán diferente habría sido si hubiera respondido a uno de sus propios hijos que se hubiera despertado en medio de la noche diciendo: "Papi, tengo sed." O si los niños se despertaran a la mañana siguiente diciendo: "Papi, tengo hambre." ¿Se volvería en el lecho dándoles la espalda para seguir durmiendo? No. Se levantaría y les daría lo que necesitaran.

El punto central de la parábola no es la insistencia constante; es hacer más clara nuestra relación con Dios. No somos el amigo desesperado que está afuera, golpeando a la puerta; nosotros somos los hijos amados dentro de la casa, acurrucados cerca de su padre. Si un amigo que duerme puede ser despertado para suplir las necesidades de otro amigo en plena noche, ¡cuánto más podemos contar con un padre amante para que venga en ayuda de sus hijos!

Saber eso produce una gran diferencia en la manera en que oramos.

No necesitamos echar la puerta abajo para atraer la atención de Dios. Lo único que tenemos que hacer es susurrar. Él está cerca.

Y le somos queridos.

Esa es la razón por la cual Jesús, cuando los discípulos le pidieron que les enseñara los principios fundamentales de la oración, comenzó la primera lección con las palabras "Padre nuestro".

Oración

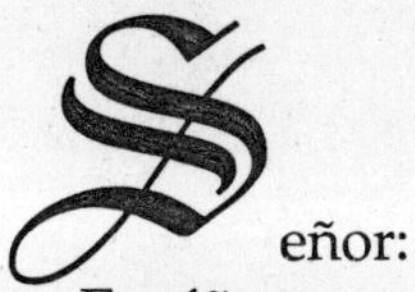

eñor:

Enséñame a orar.

Enséñame a venir a ti con los brazos extendidos como una criatura que corre a buscar consuelo en su padre. Al venir, lléname con todo el amor, todo el respeto, toda la honra que una criatura debiera sentir por un padre.

Toma mis torpes manitas en las tuyas y camina conmigo, Señor. Dirige mis pasos por las calles oscuras. Y ayúdame a mantener el ritmo de tu paso de tal manera que tu voluntad sea hecha aquí en la tierra como se hace en los cielos.

Líbrame de mi infantil lista de pedidos materialistas como para Papá Noel. Dame en cambio lo que necesito el día de hoy para mantenerme vivo: tanto el pan que necesito para mi cuerpo como el perdón que necesito tan desesperadamente para mi alma.

En este mundo que es como una tienda que ofrece más de lo que sé manejar, soy como un niño, Señor. Recuerda lo débil que soy. Y por favor, no me lleves por pasillos donde pueda ser tentado a apartarme de ti . . .

UN MOMENTO INSTRUCTIVO ACERCA DE LA MUERTE

Pasaje Bíblico

Había un hombre rico, que se vestía de púrpura y de lino fino, y hacía cada día banquete con esplendidez. Había también un mendigo llamado Lázaro, que estaba echado a la puerta de aquél, lleno de llagas, y ansiaba saciarse de las migajas que caían de la mesa del rico; y aun los perros venían y le lamían las llagas.

Aconteció que murió el mendigo, y fue llevado por los ángeles al seno de Abraham; y murió también el rico, y fue sepultado. Y en el Hades alzó sus ojos, estando en tormentos, y vio de lejos a Abraham, y a Lázaro en su seno. Entonces él, dando voces, dijo: Padre Abraham, ten misericordia de mí, y envía a Lázaro para que moje la punta de su dedo en agua, y refresque mi lengua; porque estoy atormentado en esta llama.

Pero Abraham le dijo: Hijo, acuérdate que recibiste tus bienes en tu vida, y Lázaro también males; pero ahora éste es consolado aquí, y tú atormentado. Además de todo esto, una gran sima está puesta entre nosotros y vosotros, de manera que los que quisieren pasar de aquí a vosotros, no pueden, ni de allá pasar acá.

Entonces le dijo: Te ruego, pues, padre, que le envíes a la casa de mi padre, porque tengo cinco hermanos, para que les testifique, a fin de que no vengan ellos también a este lugar de tormento.

Y Abraham le dijo: A Moisés y a los profetas tienen; óiganlos.

El entonces dijo: No, padre Abraham; pero si alguno fuere a ellos de entre los muertos, se arrepentirán.

Mas Abraham le dijo: Si no oyen a Moisés y a los profetas, tampoco se persuadirán aunque alguno se levantare de los muertos.

Lucas 16:19-31

Meditación

Antes de referir esta parábola, Jesús había expresado a un grupo de oyentes fariseos que ningún sirviente podía servir a dos amos, que ellos no podrían servir a la vez a Dios y a Don Dinero, que un compromiso dividido en dos partes conduce a la larga a un amor parcial, lo cual los haría abrazar a uno de los dos y volver la espalda al otro.

Pero los fariseos amaban el dinero y, cuando oyeron esto, le volvieron la espalda a Jesús y se mofaron.

Jesús les dice:

— Ustedes son los que se hacen pasar por buenos delante de la gente, pero Dios conoce sus corazones; pues lo que los hombres tienen por más elevado, Dios lo aborrece.

Lo que sí se valora altamente entre los seres humanos es justamente el modo de vida que llevaban los fariseos: una vida de lujo.

El hombre rico de la parábola narrada lleva ese estilo de vida. Se viste de las ropas más finas: mantos de color de púrpura teñidos con la costosa tinta traída de Tiro, lino carísimo importado de Egipto.

Su finca cercada es la más imponente de la comarca. Sus extensos jardines botánicos son cuidados meticulosamente por un equipo de jardineros que trabajan el día entero. Dentro de la espléndida mansión hay valiosísimas obras de arte que se consideran como la mejor colección de la región. Pisos de mármol de Italia captan con su brillo el reflejo de los invitados. Los visitantes proceden de los estratos más altos del gobierno, del comercio y de las artes. Son los personajes que importan en la comunidad, la gente que lleva adelante las cosas, la élite.

En medio de esta chismosa maraña de la alta sociedad, se abren paso los solícitos sirvientes para llenar las copas en que ha desaparecido el vino o para ofrecer bandejas con aperitivos exquisitos. La mesa del rico es un muestrario de delicias epicúreas, repleta de cordero asado, diversidad de aves, una colección de tesoros culinarios procedentes del mar, lo más escogido de los frutos y las legumbres de la estación, vinos selectos de los mejores viñedos del mundo, panecillos y pasteles que parecen obras de arte en miniatura.

Así vive el hombre rico, día tras día.

Y por otro lado está Lázaro. El mendigo. Abandonado a la puerta del rico como una bolsa de basura.

Otras personas lo trajeron hasta allí para desalojarlo de su vecindad; él está demasiado enfermo y demasiado débil como para movilizarse por sí mismo. Parece una marioneta destartalada, miembros huesudos como trozos de madera arrojados en un montón. Su carne desnutrida se agarra con desesperación a los huesos. Llagas como bocas abiertas supuran por todo el cuerpo; su piel es un cedazo por donde se le escurre la vida.

¿Quién se detendrá para ayudar a un hombre en condiciones tan deplorables? ¿Quién lo alimentará, lo bañará, lo vestirá? ¿Quién se encargará de él y le dará albergue por la noche? ¿Quién le tomará la mano y escuchará el relato de su vida? ¿Quién le peinará el cabello? ¿O acicalará las uñas de sus pies? ¿O lavará sus llagas?

¿Quién?

La única aspiración que le queda a Lázaro en la vida es que alguno de los huéspedes tenga la misericordia suficiente como para despegar de los pisos de mármol lustrado lo deslizado de las mesas y que se lo traiga.

Pero en la hacienda de este hombre rico la única cosa que escasea es la misericordia. Ninguno de los huéspedes quiere ver a Lázaro, menos aun acercarse o tocarlo. La sola contemplación de él les revuelve el estómago. Y si no es su aspecto, es su hedor lo que los descompone.

La única misericordia que recibe Lázaro es de los perros que lo rodean para refrescar sus llagas con la lengua. A estas alturas ya está demasiado impotente como para impedirlo. La fiebre lo hace delirar, su cara está en el polvo y de sus labios un hilo de baba se desliza hasta el suelo y forma un charco.

Las visitas, finamente ataviadas, van y vienen, hablando, riendo, desviando los ojos todo el tiempo, cuidándose de que su mirada no caiga sobre el montón de llagas desplomado junto al portón. Se ahoga el ruido que producen al pasar, y entonces cae el silencio.

Lentamente Lázaro gira su cabeza en el sentido de lo que a él le parece ser el hocico de un perro, como si lo olfateara. Pero las lenguas de los perros se han transformado en alas de ángeles. Uno de éstos, sonriendo bondadosamente, le dice:

— Hemos venido a llevarte a casa.

Lázaro se restrega los ojos mientras los ángeles lo alzan en brazos y lo transportan a otro lado.

Sus llagas han sido curadas; su sufrimiento ha quedado atrás . . . para siempre.

Con tanta naturalidad como cuando uno se despierta del sueño, se conduce a Lázaro desde ese lugar de humillación hasta un lugar de honor a la mesa de Abraham.

La muerte le llega también al hombre rico. Pero no vienen los ángeles para transportarlo. No está Abraham para abrazarlo. A pesar de sus fiestas sin fin con sus amigos, recibe el abrazo de una pequeña parcela de tierra recién removida.

Así como Lázaro estuvo una vez sumido en el tormento fuera de las puertas de la mansión del rico, ahora el rico está fuera de las puertas del cielo, y yace en su propio tormento. Suplica misericordia. Pero no se alza siquiera un dedo en favor de él. Parecería que la muerte establece un abismo que ni la misericordia misma puede atravesar.

La muerte. Es la parte de la vida que se malinterpreta más que ninguna otra. No es un gran sueño, sino un gran despertar. Es el momento en que nos despertamos, nos frotamos los ojos y vemos las cosas finalmente de la manera como Dios las veía todo el tiempo.

Cuando Jesús concluyó esta parábola, los fariseos quedaron sin palabras. Donde hubo mofas, ahora sólo hay silencio. Pues es la vida de ellos lo que Él ha condenado con sus palabras; el corazón de ellos el que ha quedado expuesto; los excesos de ellos.

Ellos son los ricos que viven en medio del lujo mientras los Lázaros de este mundo se mueren a sus mismas puertas.

El rico y Lázaro. Esta es la única parábola en la que se menciona a una persona por su nombre propio. Y esa persona no es un oficial de las altas esferas del gobierno, ni un acaudalado hombre de negocios, ni un ciudadano honrado por la sociedad, ni un destacado líder religioso. Es un pobre mendigo cubierto de llagas.

Redunda para vergüenza del rico — eterna vergüenza — que él haya sabido el nombre del pobre mendigo y sin embargo no haya querido alcanzarle ni una partícula de la comida que caía de su mesa.

Y redunda para gloria eterna del pobre mendigo el hecho de que, por deplorable que haya sido su parte en esta vida, por muchos que hayan sido los invitados del rico que le volvieron la espalda, Jesús lo conocía por su nombre, y no sólo eso sino que le reservó un lugar — un lugar de altísimo honor — al lado mismo del padre fundador de toda la nación judía.

Oración

Amado Jesús:

Ayúdame hoy a ver con los ojos que me serán dados algún día al morir. Ahora veo con toda claridad lo que se estima altamente ante la vista de los hombres. Dame ojos para ver lo que se estima altamente a la vista tuya.

¿No serán los Lázaros de este mundo que se echan a mi puerta? ¿No serán los pobres que mendigan alguna cosita que caiga de mi mesa?

No dejes que yo me distancie de sus heridas, Señor. Por más que sea duro contemplarlas, hazme ver.

Y al mirar, llena mi corazón de misericordia de tal manera que si tienen hambre yo les dé una buena comida caliente en vez de apartar para ellos unas pocas monedas como para comprar sólo un pocillo de café.

Si tienen sed, ayúdame a darles no solamente un trago sino también unas cuantas palabras bondadosas que calmen su sed de un poco de benignidad humana.

Si no tienen techo, ayúdame a pagarles una cama de hotel, o por lo menos a transportarlos hasta algún albergue de desamparados, o a ofrecerles un lugar seguro donde puedan descansar bien durante una noche.

Si están harapientos, ayúdame a conseguirles ropa. Ropa limpia y holgada, de la que no me avergonzaría yo mismo si me la dieran para usarla.

Si están enfermos, ayúdame a atenderlos o a pagar una consulta médica para que reciban la ayuda que necesitan.

Si están encarcelados, ayúdame a brindarles mi tiempo para visitarlos, mi oído para escucharlos, y mi corazón para procurar entender el dolor de su aislamiento y la vergüenza de su encarcelamiento.

Ayúdame a ver, Señor Jesús, que cuando hago algo para uno de mis hermanos más insignificantes de la calle, lo estoy haciendo para ti . . .

Un momento instructivo acerca del reino de Dios

Pasaje Bíblico

Enseñaba Jesús en una sinagoga en el día de reposo; y había allí una mujer que desde hacía dieciocho años tenía espíritu de enfermedad, y andaba encorvada, y en ninguna manera se podía enderezar.

Cuando Jesús la vio, la llamó y le dijo: Mujer, eres libre de tu enfermedad. Y puso las manos sobre ella; y ella se enderezó luego, y glorificaba a Dios.

Pero el principal de la sinagoga, enojado de que Jesús hubiese sanado en le día de reposo, dijo a la gente: Seis días hay en que se debe trabajar; en éstos, pues, venid y sed sanados, y no en día de reposo.

Entonces el Señor le respondió y dijo: Hipócrita, cada uno de vosotros ¿no desata en el día de reposo su buey o su asno del pesebre y lo lleva a beber? Y a esta hija de Abraham, que Satanás había atado dieciocho años, ¿no se le debía desatar de esta ligadura en el día de reposo?

Al decir él estas cosas, se avergonzaban todos sus adversarios; pero todo el pueblo se regocijaba por todas las cosas gloriosas hechas por él.

Y dijo:

¿A qué es semejante el reino de Dios, y con qué lo compararé? Es semejante al grano de mostaza, que un hombre tomó y sembró en su huerto; y creció, y se hizo árbol grande, y las aves del cielo anidaron en sus ramas.

Y volvió a decir: ¿A qué compararé el reino de Dios? Es semejante a la levadura, que una mujer tomó y escondió en tres medidas de harina, hasta que todo hubo fermentado.

Lucas 13:10-21

Meditación

Mientras se encuentra enseñando en una sinagoga, Jesús percibe en la última hilera de oyentes a una mujer encorvada, acurrucada sobre sí misma. Él se dirige a ella diciéndole que pase adelante y, sintiéndose incómoda como blanco de todas las miradas, arrastrando los pies, ella se abre paso hasta llegar al frente.

Cuando Jesús la libera de la carga que ella ha estado llevando consigo durante los últimos dieciocho años, la invade un torrente de sensaciones juveniles. Endereza la espalda y, al hacerlo, enciende una llamarada en la atmósfera rígida y seca de la sinagoga. Pero el jefe de la sinagoga es veloz para echarle agua e impedir que se esparza la fervorosa alabanza de ella hasta desmandarse.

Cuando Jesús increpa al jefe hipócrita, la gozosa mujer toma aliento y al instante la multitud se sosiega.

Jesús aprovecha ese momento de silencio tenso para rebuscar en su mente una ilustración acerca del reino de Dios. Pasa por alto las comparaciones con la vida de los gobernantes, los militares o los civiles. En vez de eso elige otra comparación, (y lo hace con toda la naturalidad de una criatura que corta flores silvestres) una ilustración tomada del patio de cualquier persona: la de un hombre que planta una semilla de mostaza en la huerta de su casa.

La semilla de mostaza era una de las especias vegetales más comunes del Medio Oriente y se usaba no solamente para condimentar alimentos sino también en el lenguaje corriente. Un dicho común era "tan pequeño como un grano de mostaza". Jesús lo empleó al declarar: "Les aseguro que si tuvieran fe, aunque sólo fuera del tamaño de una semilla de mostaza, le dirían a este cerro: 'Quítate de aquí y vete a otro lugar', y el cerro se quitaría." Pero a pesar de sus pequeñas semillas, la planta de mostaza podía desarrollarse hasta un tamaño tan grande que debajo de sus ramas podría pasar al galope un caballo con jinete.

El mensaje de la parábola es que el reino de Dios procedería de comienzos en apariencia pequeños e intranscendentes.

Jesús podría haber usado la metáfora de un pino altísimo o de un roble profusamente ramificado. Sin duda ese hubiera sido un símbolo más apropiado para la grandiosa majestad del reino de Dios. Pero ni la piña de un pino ni la bellota de un roble son semillas tan pequeñas como para responder al propósito de lo que Él quería ilustrar, porque su énfasis no reside tanto en la futura grandeza del reino de Dios como en su insignificancia en ese momento.

Eso es lo que veía esa gente en la sinagoga aquel día. Estaban viendo un grano de mostaza plantado en el terreno del corazón de esa anciana.

Durante dieciocho años había entrado y salido, sábado tras sábado, y había encontrado un lugarcito poco visible al fondo donde sentarse. Ninguno de los que ejercían el liderazgo en la sinagoga le prestaba atención. Ella no era uno de los que hacían los grandes donativos. Tampoco era una de las personas mencionadas en la lista de las que hay que preparar para alguna clase de ministerio público. Era tan sólo una anciana encorvada . . . poco más que una semillita de mostaza dentro del gran espectro universal.

Jesús pasea su mirada por la sinagoga y se encuentra con los ojos de esta mujer, sentada ahora en posición erecta, su rostro húmedo por las lágrimas de gozo, y una nueva comparación viene a su mente como para ilustrar el reino de Dios:

— Es como la levadura que una mujer mezcla con tres medidas de harina para hacer fermentar toda la masa.

Con el dorso de la mano ella se enjuga las lágrimas. Sabe que esa ilustración acerca del reino es justo para ella. Es la manera que utiliza Jesús para decirle que el mundo de ella también importa y que está colmado de sus propias parábolas.

— El reino de Dios está dentro de ustedes — había dicho cierta vez Jesús.

Comienza con un pequeño puñado de gracia escondido dentro de nosotros. Lenta y silenciosamente penetra por toda nuestra vida, elevándola, transformándola.

Eso es lo que hizo en un cobrador de impuestos parado en el atrio del templo. Lo hizo en una prostituta esperando en una esquina. Lo hizo en esta mujer encorvada en la sinagoga.

Curiosamente, Jesús no trata ninguna de las cuestiones candentes que acosaban el mundo del primer siglo. El gobierno era impío, sin embargo Él no acaudilló una revuelta para derrocarlo. El pueblo estaba agobiado por los impuestos, sin embargo Él no dirigió una campaña de reforma económica. Muchos del pueblo eran esclavos, sin embargo Él no encabezó ningún movimiento de liberación. Pobreza. Castas. Racismo. La lista de los males sociales era tan larga y abominable.

En lugar de convertir esa lista en su plataforma política, Jesús consideró suficiente el plantar una semilla de las más pequeñas en un suelo de los menos frecuentes, y esconder un puñado de gracia en la vida de los que no eran nadie.

Un pescador. Un recaudador de impuestos. Un militar romano.

Y, corazón tras corazón, así creció el reino de Dios. Alcanzando el cielo casi inadvertidamente. Expandiéndose a través de la historia para que personas de toda raza y nación algún día se albergaran en sus ramas.

Una María. Una Marta. Una anciana con la espalda encorvada.

En expansión imperceptible, como un trozo de masa que se leuda . . . llenando el mundo con el aroma del pan recién horneado.

Oración

Amado Señor Jesús:

Enséñame a no despreciar los comienzos en pequeña escala, pues fue Belén, la más pequeña de las ciudades de Judá, la que tú escogiste para iniciar tu vida en esta tierra.

Enséñame el sentido de las cosas pequeñas, ya que un mero vaso de agua tiene significado eterno si se entrega en tu nombre.

Enséñame el valor de las cosas pequeñas, porque las moneditas de una viuda son los verdaderos tesoros del cielo.

Enséñame a ser fiel en las cosas pequeñas, pues siendo fiel en cosas pequeñas de esta tierra es como llegaré a recibir responsabilidades para cosas mayores en tu reino.

Enséñame los efectos de largo alcance que tienen las cosas pequeñas, como el simple pedido de un ladrón crucificado que dio por resultado el cambio en su destino por toda la eternidad.

Enséñame el poder de las cosas pequeñas. Pues el grano de mostaza crece tan silenciosamente, sin embargo, qué penetrante es su influencia. De qué manera invisible obra la levadura, sin embargo qué efecto transformador tiene . . .

Un momento instructivo acerca de la misericordia

Pasaje Bíblico

Aconteció un día de reposo, que habiendo entrado para comer en casa de un gobernante, que era fariseo, éstos le acechaban. Y he aquí estaba delante de él un hombre hidrópico. Entonces Jesús habló a los intérpretes de la ley y a los fariseos, diciendo: ¿Es lícito sanar en el día de reposo? Mas ellos callaron. Y él, tomándole, le sanó, y le despidió.

Y dirigiéndose a ellos, dijo: ¿Quién de vosotros, si su asno o su buey cae en algún pozo, no lo sacará inmediatamente, aunque sea en día de reposo? Y no le podían replicar a estas cosas.

Observando cómo escogían los primeros asientos a la mesa, refirió a los convidados una parábola, diciéndoles:

Cuando fueres convidado por alguno a bodas, no te sientes en el primer lugar, no sea que otro más distinguido que tú esté convidado por él, y viniendo el que te convidó a ti y a él, te diga: Da lugar a éste; y entonces comiences con vergüenza a ocupar el último lugar. Mas cuando fueres convidado, ve y siéntate en el último lugar, para que cuando venga el que te convidó, te diga: Amigo, sube más arriba; entonces tendrás gloria delante de los que se sientan contigo a la mesa. Porque cualquiera que se enaltece, será humillado; y el que se humilla, será enaltecido.

Dijo también al que le había convidado: Cuando hagas comida o cena, no llames a tus amigos, ni a tus hermanos, ni a tus parientes, ni a vecinos ricos; no sea que ellos a su vez te vuelvan a convidar, y seas recompensado. Mas cuando hagas banquete, llama a los pobres, los mancos, los cojos y los ciegos; y serás bienaventurado; porque ellos no te pueden recompensar, pero te será recompensado en la resurrección de los justos.

Oyendo esto uno de los que estaban sentados con él a la mesa, le dijo: Bienaventurado el que coma pan en el reino de Dios.

Entonces Jesús le dijo: Un hombre hizo una gran cena, y convidó a muchos. Y a la hora de la cena envió a su siervo a decir a los convidados: Venid, que ya todo está preparado.

Y todos a una comenzaron a excusarse. El primero dijo: He comprado una hacienda, y necesito ir a verla; te ruego que me excuses.

Otro dijo: He comprado cinco yuntas de bueyes, y voy a probarlos; te ruego que me excuses.

Y otro dijo: Acabo de casarme, y por tanto no puedo ir.

Vuelto el siervo, hizo saber estas cosas a su señor. Entonces enojado el padre de familia, dijo a su siervo: Ve pronto por las plazas y las calles de la ciudad, y trae acá a los pobres, los mancos, los cojos y los ciegos.

Y dijo el siervo: Señor, se ha hecho como mandaste, y aún hay lugar.

Dijo el señor al siervo: Ve por los caminos y por los vallados, y fuérzalos a entrar, para que se llene mi casa. Porque os digo que ninguno de aquellos hombres que fueron convidados, gustará mi cena.

Lucas 14:1-24

MEDITACIÓN

En la alta cúspide de los picos nevados del Monte Hermón comienza a manar la existencia del río Jordán. Alimentado a lo largo de su curso por tributarios provenientes de las montañas circundantes, el Jordán fluye hacia el sur por más de trescientos kilómetros hasta llenar el mar de Galilea, regar el valle del Jordán y finalmente formar una charca en el punto más bajo de la tierra: el mar Muerto.

A no ser por ese río y sus afluentes, Palestina sería un desierto.

Soñoliento, el sol echa una última mirada sobre el valle del Jordán y exhala un suspiro final esa tarde de viernes, antes de retirarse tras las colinas. En una ciudad de la región de Perea, sobre la margen oriental del Jordán, ya han cerrado las tiendas que bordean las calles.

La gente va de prisa hacia el hogar para celebrar la cena sabática con la familia y los amigos, y pasan de largo a otras personas que no sienten prisa. A esas personas que no tienen ningún sábado que celebrar en toda su vida. A esas personas de la calle que están marginadas de la sociedad. A esas personas cuyas vidas son hondonadas cada día más anchas de desesperación y desilusión.

Por encima de esos surcos causados por la erosión en la humanidad, se encuentra la casa de la montaña de un prominente fariseo. Han invitado a Jesús a comer allí. Otros de los invitados son algunos fariseos menos notables y un puñado de doctores en leyes bien adiestrados en los rigores de la ley levítica.

De acuerdo con la costumbre de larga trayectoria en la hospitalidad oriental, la puerta está abierta para dar también entrada a la cena a extraños. Mientras no lleguen a ser una molestia, se les permite sentarse a los lados de la habitación escuchando lo que se dice alrededor de la mesa y tal vez echar mano de algunas sobras de las comidas.

Uno de esos extraños es un hombre que padece hidropesía. El bombear cada vez más débil de su corazón hace que se hinchen sus piernas y el exceso de líquido le provoca movimientos lentos y torpes.

El hombre está jadeando por haber subido la montaña hasta esta casa. Es que ha oído tales relatos acerca de este Jesús que, si tan sólo fuera cierta una porción de ellos, bien habría valido la pena escalar. Va cojeando hacia Jesús arrastrando por detrás el lánguido pie hinchado. Pero por el camino tambalea y cae.

Jesús mira al hombre caído primero y luego a los expertos en la ley. Les propone una pregunta para comprobar realmente hasta qué punto están bien instruidos.

—¿Se permite sanar a un enfermo en el día de reposo, o no?

Mientras dura el silencio como el del escolar incómodo ante una pregunta, Jesús toma al hombre y lo levanta. Y en el instante en que el hombre alcanza a incorporarse, ya está sano.

Ahora que ha captado la atención de todos, Jesús formula otra pregunta:

—¿Quién de ustedes, si su hijo o su buey se cae en un pozo, no lo saca en seguida, aunque sea día de reposo?

La respuesta a esta última pregunta contesta también la anterior. Si se puede sacar un animal de un pozo en día de reposo, lógicamente se puede sacar a un hombre del valle del dolor en que ha caído. Pero no hay ninguno que quiera arriesgarse a quedar en ridículo frente al distinguido grupo allí reunido, por lo tanto no contesta nadie.

Interrumpiendo el momento difícil, el anfitrión llama a todos a la mesa. Los hombres se distribuyen como un abanico alrededor de la mesa en forma de U. La cabecera de la mesa, en la parte más saliente de la curva de esa U, es la parte donde se ubica el huésped más distinguido. A su izquierda y a su derecha vienen los puestos para los que siguen en orden de mérito, y así sucesivamente hasta los extremos de la mesa en orden descendiente de importancia.

Mientras Jesús observa, los invitados a la cena compiten por los puestos, ansiosos por conseguir para sí los lugares de mayor distinción. Podría ser una escena graciosa si no fuera tan patética. Hombres tan grandes y tan inseguros . . . Tan pendientes de su posición ante la sociedad . . . Tan preocupados por cosas insignificantes . . .

Jesús con naturalidad toma el asiento que queda libre y después les relata una parábola. Les dice que el lugar menos distinguido de la mesa no es donde hay más posibilidades de sentirse avergonzado, sino donde más probabilidad hay de ser promovido, pues "cualquiera que se enaltece, será humillado; y el que se humilla, será enaltecido".

Pero en el estrecho mundo de ellos, el engrandecimiento se consigue haciendo amistad con las personas "correctas". Y se hace amistad con las personas correctas consiguiendo los lugares correctos en los banquetes correctos. Estas jugadas acertadas, sin embargo, dan como resultado algo muy, muy equivocado. Y Jesús encara al anfitrión para decírselo.

— Ofrece banquetes a los que más lo necesitan — le dice Jesús —. A los condenados a vivir en la calle. A los abandonados en los callejones. A los que sólo pueden recompensarte desembolsando un sencillo "Muchas gracias" o un "Dios te bendiga" desde lo profundo del corazón.

Como percibe que Jesús no aprueba su lista de invitados, el anfitrión se pone tenso. Se interpone un abismo de silencio, el cual trata de trasponer uno de los invitados mediante una suave transición del tema de la conversación:

— "¡Dichoso el que participe del banquete del reino de Dios!"

Entonces Jesús se vuelve hacia el que estaba lleno de frases farisáicas y le refiere una parábola que pone de manifiesto quiénes estarán en la lista de invitados a esa fiesta: los que han sido abandonados en la vía pública, los que han sido olvidados en los callejones, los que se han visto obligados a vivir en los márgenes más periféricos de la sociedad.

Verdaderamente dichosos serán los que coman en la fiesta del reino de Dios. Pero no será ninguno de los que están sentados allí rodeando la mesa del fariseo. Están demasiado ocupados con pequeñeces como para siquiera oír la invitación.

Al observar los sucesos de esa noche de sábado, vemos como telón de fondo el panorama del reino de Dios. Un hombre hidrópico yace en el piso. Se imparte un mensaje acerca de cómo los humildes serán exaltados. Se proclama un mandato de celebrar banquetes para los de baja categoría social. Se ha descubierto un misterio que revela que se edificará el reino de Dios sobre los estratos más bajos de la sociedad.

El paisaje del reino de Dios, como el de Palestina, es ondulante, de tal manera que su río fluye hacia los valles más bajos.

Los valles son aquellas personas cuyas vidas sufren la erosión.

El río es la misericordia.

Fluye libremente para sanar a un hombre afectado por hidropesía . . . para ofrecer un banquete para los pobres . . . para anunciar un reino a aquellos cuya ciudadanía es la calle.

Y si no fuera por ese río, el mundo sería un devastado desierto.

Oración

uerido Señor:

Tú, que no tuviste dónde apoyar tu cabeza, ten misericordia de aquellos que no tienen un lugar donde reclinar la suya. Ten misericordia de aquellos cuyo único hogar es el abrigo de una caja de cartón y cuyas únicas posesiones están apretujadas dentro de una bolsa de mercado.

Tú, que experimentaste el hambre en el desierto, acompaña a aquellos en su hambre y en la desolación que están padeciendo. Ten misericordia de aquellos cuyo único sustento procede de la olla de un comedor de beneficencia o de la benignidad de algunos desconocidos en las calles.

Tú, que fuiste varón de dolores, consuela a los que se encuentran pasando los suyos propios. Ten misericordia de aquellos que contemplan su pasado con pesar, remordimiento y pena.

Ayúdame a mí, al leer tu Palabra, a ver en el fondo el panorama de tu reino. Ayúdame a ver que se inclina hacia aquellos cuyas vidas se han convertido en valles cada vez más agrietados por la derrota y la desesperación.

Impide que me aparte de la profundidad de su sufrimiento, que jamás los mire con un dejo de superioridad, no importa lo alto que yo ascienda en mi posición social, económica o profesional. Por el contrario, Señor, derrite mi corazón de tal manera que se convierta en un río de misericordia en sus vidas . . .

Un momento instructivo acerca de la vigilancia

Pasaje Bíblico

Estén ceñidos vuestro lomos, y vuestras lámparas encendidas; y vosotros sed semejantes a hombres que aguardan a que su señor regrese de las bodas, para que cuando llegue y llame, le abran en seguida. Bienaventurados aquellos siervos a los cuales su señor, cuando venga, halle velando; de cierto os digo que se ceñirá, y hará que se sienten a la mesa, y vendrá a servirles. Y aunque venga a la segunda vigilia, y aunque venga a la tercera vigilia, si los hallare así, bienaventurados son aquellos siervos. Pero sabed esto, que si supiese el padre de familia a qué hora el ladrón había de venir, velaría ciertamente, y no dejaría minar su casa. Vosotros, pues, también, estad preparados, porque a la hora que no penséis, el Hijo del Hombre vendrá.

Lucas 12:35-40

MEDITACIÓN

Los festejos de las bodas hebreas se extienden durante una semana entera, a veces dos semanas, y el banquete principal en algunas ocasiones se desborda de un día hasta la mañana siguiente. El señor de la casa se ha ido a una fiesta de esas características y ha dejado dicho que no está seguro exactamente a qué hora estará de regreso.

Así es que sus sirvientes permanecen vestidos en su ropa de trabajo, manteniendo en condiciones los pabilos de las lámparas y llenos sus depósitos de aceite. Permanecen despiertos en espera del amo a fin de que, si él llega con hambre, le puedan preparar la comida; en caso de que llegue con sed, estén preparados para alcanzarle bebida; en caso de que llegue cansado, esté arreglado su lecho.

Permanecen despiertos a fin de poder servirle; se quedan levantados para que no tenga que entrar en una casa oscura y vacía. Pero más que por cualquier otra razón, permanecen levantados esperándolo porque lo aman. Es un buen patrón. Estar bajo su yugo es fácil. Sus palabras son amables. Su afecto se hace evidente en todo su trato hacia ellos.

Es lo más correcto que velen hasta que regrese, anteponiendo las necesidades de él a las suyas propias.

La casa está en silencio cuando se oye un sonido desde las calles. "¡Ahí viene!", exclama uno de los siervos, y todos se ponen de pie de un brinco. Pero cuando atisban por la ventana, se dan cuenta de que se trata tan sólo de un perro vagabundo que va husmeando por los alrededores.

Esa misma noche, más tarde, rechinan los goznes del portón y uno de ellos da la voz: "¡Está a la puerta!". Pero la abren y descubren que es tan sólo una jugarreta del viento.

La medianoche ha pasado y el aceite de sus lámparas arde hasta entrada la madrugada. Están agotados por el pesado trabajo del día, y aún más por el desvelo de la noche. Saben que su amo va a regresar, sólo que no saben exactamente cuándo.

Pero el mero hecho de pensar en su regreso les da vigor y les renueva las fuerzas para cumplir con su trabajo. Se ocupan en hacer cosas que creen que le agradarán. Cosas pequeñas, hechas sigilosamente. Cosas que solamente él podría notar.

Preparan el fuego en el hogar para atenuar el escalofrío que se siente antes del amanecer. Quieren que la casa se encuentre tan cómoda y acogedora como les sea posible hacerla.

Por fin, uno de los sirvientes oye unas pisadas. Pone en alerta a los demás y se reúnen a la entrada.

Se abre la puerta. El amo ha regresado. Se detiene en el umbral, visiblemente conmovido por el calor de la bienvenida de ellos.

Tanto lo conmueve que pasa a la cocina y se despoja de su ropa de gala colgándola de un gancho. De otro gancho toma el delantal de uno de sus siervos y se lo pone. Ensarta parte del amplio ruedo dentro de su cinturón de modo que no lo estorbe.

Luego invita a sus siervos a reclinarse en los divanes que rodean su mesa. Por un instante incómodo no saben a ciencia cierta cómo reaccionar ante este honor. Pero él insiste, y por último se ubican alrededor de la mesa baja, y él los atiende.

Al principio esta inversión de papeles los desconcierta. El dueño de casa . . . ¿hará el trabajo de un vulgar empleado de servicios domésticos? Y al principio se resisten a que les sirva a ellos. Pero a medida que él va de aquí para allá llenando sus copas y sirviéndoles comida, les embarga un sentimiento casi vertiginoso. El dueño de casa . . . ¡sirviéndoles a ellos!

La última vez que los discípulos se sentaron a la mesa con su señor fue en un aposento alto, donde Él asombró a todos al atarse una toalla alrededor de la cintura y lavarles la suciedad de los pies. Cuando regrese, una vez más se vestirá para servir y atenderá a aquellos que hayan quedado despiertos para atenderlo a Él.

¡Qué sorpresa! ¡Qué honor! ¡Qué Salvador!

Cuando vino a esta tierra, no vino para ser servido sino para servir. Cuando venga otra vez, vendrá como partió . . . como un señor que sirve a los demás.

ORACIÓN

Amado Maestro que sirves a otros:

Ayúdame a tomar conciencia de que sí regresarás un día, tal como lo prometiste. Y ayúdame a entender que si ese día no amanece durante mi vida, entonces yo regresaré a ti al morir.

Ayúdame a darme cuenta de que siempre es inminente tu venida o mi partida. Que llegará súbita e inesperadamente, como ladrón en la noche. Y consciente de eso, Señor, ayúdame a vivir mi vida en un estado de vigilancia constante.

Ayúdame a estar alerta esperando tu regreso, sin caer en fanatismos respecto de cuándo y cómo ocurrirá. Guárdame de sentir temor de cualquier noche que pueda oscurecer al mundo, y no permita que yo alarme en falso a otros cada vez que oiga un ruido en la calle o sonidos en la puerta.

Dame un oído que perciba tan delicadamente como para distinguir tus pisadas de las de un perro que husmea por la vecindad, tu toque a la puerta del mero viento de los acontecimientos mundanos que hacen crujir los goznes.

Pero cuando verdaderamente llames tú a la puerta, permite que yo esté entre los primeros que te den la bienvenida a la entrada. Con mi ropa de trabajo. Con mi lámpara en la mano. En condiciones de servir.

Hasta ese instante, ayúdame a hacer el trabajo que te agradaría a ti: el trabajo sigiloso, sin vanidosa ostentación, de un simple sirviente de la casa. Y concédeme tu gracia para gozarme en las cosas pequeñas hechas sin llamar la atención, las cosas que sólo tu ojo podría percibir y valorar . . .

UN MOMENTO INSTRUCTIVO ACERCA DE LA FIDELIDAD

Pasaje Bíblico

Oyendo ellos estas cosas, prosiguió Jesús y dijo una parábola, por cuanto estaba cerca de Jerusalén, y ellos pensaban que el reino de Dios se manifestaría inmediatamente. Dijo pues:

Un hombre notable se fue a un país lejano, para recibir un reino y volver. Y llamando a diez siervos suyos, les dio diez minas, y les dijo: Negociad entre tanto que vengo.

Pero sus conciudadanos le aborrecían y enviaron tras él una embajada, diciendo: No queremos que éste reine sobre nosotros.

Aconteció que vuelto él, después de recibir el reino, mandó llamar ante él a aquellos siervos a los cuales había dado el dinero, para saber lo que había negociado cada uno.

Vino el primero, diciendo: Señor, tu mina ha ganado diez minas.

El le dijo: Está bien, buen siervo; por cuanto en lo poco has sido fiel, tendrás autoridad sobre diez ciudades.

Vino otro, diciendo: Señor, tu mina ha producido cinco minas.

Y también a éste dijo: Tú también sé sobre cinco ciudades.

Vino otro, diciendo: Señor, aquí está tu mina, la cual he tenido guardada en un pañuelo; porque tuve miedo de ti, por cuanto eres hombre severo, que tomas lo que no pusiste, y siegas lo que no sembraste.

Entonces él le dijo: Mal siervo, por tu propia boca te juzgo. Sabías que yo era hombre severo, que tomo lo que no puse, y que siego lo que no sembré; ¿por qué, pues, no pusiste mi dinero en el banco, para que al volver yo, lo hubiera recibido con los intereses?

Y dijo a los que estaban presentes: Quitadle la mina, y dadla al que tiene las diez minas.

Ellos le dijeron: Señor, tiene diez minas.

Pues yo os digo que a todo el que tiene, se le dará; mas al que no tiene, aun lo que tiene se le quitará. Y también a aquellos mis enemigos que no querían que yo reinase sobre ellos, traedlos acá, y decapitadlos delante de mí.

Lucas 19:11-27

Meditación

En las épocas tempranas de la historia de Israel, la revelación acerca del reino de Dios llegó gota a gota.

> *Ahora, pues, dirás así a mi siervo David: Así ha dicho Jehová de los ejércitos: . . . Será afirmada tu casa y tu reino para siempre delante de tu rostro, y tu trono será estable eternamente.*

Las gotas fueron acumulándose como riachuelos de promesas acerca de un reino de paz sin precedentes.

> *Y volverán sus espadas en rejas de arado,*
> *y sus lanzas en hoces;*
> *no alzará espada nación contra nación,*
> *ni se adiestrarán más para la guerra . . .*
>
> *Morará el lobo con el cordero,*
> *y el leopardo con el cabrito se acostará;*
> *el becerro y el león*
> *y la bestia doméstica andarán juntos,*
> *y un niño los pastoreará . . .*
>
> *No harán mal ni dañarán*
> *en todo mi santo monte; porque la tierra*

será llena del conocimiento de Jehová,
como las aguas cubren el mar.

Estos afluentes convergen en el momento decisivo en que por fin se anuncia el heredero de ese trono.

María, no temas, porque has hallado gracia delante de Dios. Y ahora, concebirás en tu vientre, y darás a luz un hijo, y llamarás su nombre JESÚS. Este será grande, y será llamado Hijo del Altísimo; y el Señor Dios le dará el trono de David su padre; y reinará sobre la casa de Jacob para siempre, y su reino no tendrá fin.

Los rumores acerca del rey recorrían Israel. Cada sermón que Jesús predicaba, cada milagro que realizaba, aumentaba su caudal de popularidad. Sin embargo, por debajo de la superficie siempre lo acompañaba una corriente de oposición.

Al viajar Jesús hoy hacia Jerusalén, su fama se yergue como una gran ola en la cercana ciudad de Jericó. En las cercanías de ese pudiente centro comercial un mendigo ciego lo llama con desesperación desde un costado del camino.

—¿Qué quieres que haga por ti? —pregunta Jesús al hombre cuyos ojos sin vida yacen hundidos dentro de sus cuencos.

—Señor, quiero recobrar la vista.

—¡Recóbrala! —le dice Jesús—. Por tu fe has sido sanado.

Inmediatamente vuelve la vida a los ojos muertos.

La gente acarrea las noticias de la sanidad como la pleamar y las calles desbordan de expectación. En uno de los árboles al margen de la calle está encaramado un hombre de baja estatura, de nombre Zaqueo, el principal de los recaudadores de impuestos de esa ciudad. Él también desea ver a este hombre que hace milagros, a este hombre que sería rey.

Cuando Jesús se detiene al pie del árbol pidiendo hospedaje en casa de Zaqueo, un corazón muerto vuelve a la vida. Y la gente es testigo de otro milagro más. Zaqueo exclama:

— Mira, Señor, voy a dar a los pobres la mitad de todo lo que tengo; y si le he robado algo a alguien, le devolveré cuatro veces más.

Al instante el ciego recibe la vista. *En ese lugar y en ese momento* Zaqueo recibe salvación. En un segundo se transforman dos vidas. Es perfectamente natural que los observadores de estas escenas supongan que, cuando Jesús vaya a Jerusalén, también se manifieste así de repente el reino prometido, del cual son anticipo estos milagros.

Pero al igual que los empleados rebeldes de la parábola, los líderes religiosos tampoco quieren que este hombre Jesús sea su rey. Y esa decisión trazó el curso de la historia, marcando derroteros tortuosos de dolor que continúen su trayecto cuesta abajo durante las generaciones venideras.

En vez de paz, la gente continuará transformando los arados en armas de guerra. En vez de concordia mundial, el lobo continuará haciendo presa del cordero. En vez de que la rectitud colme la tierra, el conocimiento de Dios continuará escaseando.

Y es así que el clamor de la humanidad se seguirá oyendo. Como gemidos de muerte de los campos de batalla. Como sollozos desesperanzados en camas de hospitales. Como gritos atormentados en los manicomios. Como suspiros solitarios en las callejuelas casi desiertas. Como exclamaciones de los torturados en los campos de concentración. Como desesperadas solicitudes de ayuda en los países azotados por el hambre.

Y al cabo de una semana también se habrá de oír un clamor desde la santa ciudad. Porque cuando Jesús transite ese camino ascendente a Jerusalén, su entrada triunfal no lo llevará a la coronación, sino a la cruz.

Sobre su rostro caerán puñetazos de odio. Sobre su palma arrojarán un burlesco cetro de caña. Sobre su cabeza incrustarán una corona de espinas.

Entonces este hombre de noble estirpe habrá de abandonar la tierra, dejando en ella a sus siervos para que lleven adelante su labor. Para que entreguen las minas del perdón de Dios a cambio de la más pequeña monedita de fe. Para que apliquen el amor de Dios al dolor del mundo.

No se requiere de los siervos que sean elocuentes ni cultos ni extraordinariamente dotados. Sólo se requiere que sean confiables; que sean personas con las que se pueda contar para que trabajen con ahínco aunque su amo se haya ausentado.

En un mundo lleno de dolor y lágrimas, resulta difícil no formularse la pregunta: ¿Dónde se encuentra Dios en medio de tanta pena?

Dios se hizo carne para poder entrar en este mundo de quebranto y lágrimas. Anduvo en medio del dolor, sanando así ojos como corazones.

Pero el mundo lo rechazó.

La parábola explica dónde está ahora y por qué está allí. Ahora debemos preguntarnos lo siguiente: ¿Dónde se encuentran sus siervos?

¿Dónde están aquellos a quienes el Salvador ha encomendado la tarea durante su ausencia? La tarea de vivir como Él vivió. La tarea de amar como Él amó. ¿Dónde están los que Él llamó para que fueran sus manos y su voz y sus pies? Extendiéndose a los mendigos de las calles. Llamando a los cobradores de impuestos encaramados en los árboles. Emprendiendo el camino cuesta arriba hacia la cruz.

En cuanto a los siervos fieles que trabajan duro en medio de tanto dolor físico, emocional y espiritual, es difícil que ellos no mediten sobre las preguntas que suscita el dolor. Pero en realidad el siervo tiene una sola pregunta que formular.

La pregunta no es: "¿Merece mi confianza este futuro rey que vive en una comarca lejana?"

Antes bien, la pregunta es: "¿Merezco yo la confianza de Él?"

Oración

Amado Señor Jesús:

Gracias por la tarea que me has confiado. Sólo pido ser digno de tu confianza.

Ayúdame a ser confiable en cosas muy pequeñas, y a caer en la cuenta de que con ellas aprenderé a ser digno de tu confianza para cosas mayores.

Ayúdame a ser fidedigno en cuanto al gran tesoro del evangelio que has depositado a mi cuidado. Recuérdame constantemente lo maravilloso que es su mensaje para que esté ansioso por animar a otros a cambiar el pecado de sus corazones por el perdón que se les ofrece; a cambiar el caos de sus vidas por la paz; la desesperación de su situación por la esperanza.

Ayúdame a percatarme de cuánto trabajo hay por hacer, Señor, de tal modo que cuando me levante sea para servirte, y cuando me acueste sea para descansar de un trabajo bien hecho.

Te pido perdón, Señor, por todas las veces que he dejado el trabajo sin hacer. Perdóname por las veces que te he servido de mala gana y por las oportunidades de servirte que he escondido en un pañuelo a causa del temor.

Por favor, Señor, quédate a mi lado
cuando estoy atemorizado
y hazme fiel;
cuando soy fiel
y hazme fructífero;
cuando soy fructífero,
hazme humilde.
Pues es sólo por tu gracia
que fui escogido para servirte;
sólo por tus fuerzas
que aún puedo servirte;
sólo por la fidelidad tuya
que todavía sigo sirviéndote hoy . . .

UN MOMENTO INSTRUCTIVO ACERCA DE LA PACIENCIA DE DIOS

Pasaje Bíblico

Comenzó luego a decir al pueblo esta parábola:

Un hombre plantó una viña, la arrendó a labradores, y se ausentó por mucho tiempo. Y a su tiempo envió un siervo a los labradores, para que le diesen del fruto de la viña; pero los labradores le golpearon, y le enviaron con las manos vacías. Volvió a enviar otro siervo; mas ellos a éste también, golpeado y afrentado, le enviaron con las manos vacías. Volvió a enviar un tercer siervo; mas ellos también a éste echaron fuera, herido.

Entonces el señor de la viña dijo: ¿Qué haré? Enviaré a mi hijo amado; quizás cuando le vean a él, le tendrán respeto.

Mas los labradores, al verle, discutían entre sí, diciendo: Este es el heredero; venid, matémosle, para que la heredad sea nuestra. Y le echaron fuera de la viña, y le mataron.

¿Qué, pues, les hará el señor de la viña? Vendrá y destruirá a estos labradores, y dará su viña a otros.

Cuando ellos oyeron esto, dijeron: ¡Dios nos libre!

Pero él, mirándolos, dijo: ¿Qué, pues, es lo que está escrito:

La piedra que desecharon los edificadores
ha venido a ser cabeza del ángulo?

Todo el que cayere sobre aquella piedra, será quebrantado; mas sobre quien ella cayere, le desmenuzará.

Procuraban los principales sacerdotes y los escribas echarle mano en aquella hora, porque comprendieron que contra ellos había dicho esta parábola; pero temieron al pueblo.

Lucas 20:9-19

MEDITACIÓN

La semana anterior a la Pascua, Jesús entró en los atrios del templo y se encontró con un villorrio de toldos y mesas donde los cambistas habían instalado su negocio. El flujo de peregrinos representaba entradas monetarias para la santa ciudad. Las oportunidades de multiplicar el dinero se presentaban en todas partes, aun en la religión... *especialmente* en la religión.

Como al comienzo del ministerio de Jesús, una vez más los cambistas habían convertido la casa de oración en casa de ganancias. Y una vez más Jesús no pudo tolerarlo. En un arranque de furia, volcó de un puntapié las mesas y echó abajo sus improvisadas tiendas.

La noticia del incidente resonó por las columnas del establecimiento religioso. El alboroto que se produjo en los atrios fue desvaneciéndose, pero tras las puertas cerradas se encendió el debate. Después que cada uno había expresado su ira, el consenso en la trastienda fue: "A este Jesús hay que detenerlo."

Pero detenerlo no era tarea en absoluto sencilla. En cualquier otro momento podría haber sido más fácil, pero estaban en la temporada de la Pascua y la ciudad estaba llena de forasteros. ¿Cuántos de ellos lo apoyaban? No lo sabían, pero no querían que una sola chispa suya iniciara una combustión en la caja de explosivos de la oposición.

Al día siguiente Jesús está nuevamente en el mismo atrio, enseñando a un conglomerado informal de seguidores, cuando un puñado alborotado de líderes religiosos llega lanzándole preguntas como picotazos.

— Dinos con qué autoridad haces estas cosas. ¿Quién te dio esa autoridad?

Pero Jesús les niega la respuesta. En cambio, se vuelve hacia la gente común y les cuenta una historia que les demuestra que estos líderes religiosos no son más que los últimos de una larga fila de rebeldes que durante siglos han estado desafiando la autoridad de Dios.

El cuadro que pinta Jesús representa a Israel como el viñedo de Dios. Los líderes religiosos son los arrendatarios retratados en tonalidades sombrías, a quienes se les confía la responsabilidad de cuidarlo. Esta imagen ya es conocida; proviene del profeta Isaías:

> *Tenía mi amado una viña en una ladera fértil.*
> *La había cercado y despedregado*
> *y plantado de vides escogidas;*
> *había edificado en medio de ella una torre,*
> *y hecho también en ella un lagar.*

El dueño de ese viñedo construyó un cercado para que no entraran ni zorros ni jabalíes que pudieran dañar la plantas tiernas. Erigió una torre para vigilar la aparición de ladrones que quisieran introducirse para robar la fruta madura. También construyó una prensa de uvas para que se aprovechara la fruta.

Dios había hecho todo lo posible para asegurar que Israel pudiera llevar fruto. Había sembrado la nación por medio de un milagro con la simiente de Abraham. Al multiplicarse esa semilla y crecer la población, Dios la cercó de promesas de bendición y protección. Luego, después de años de poda en Egipto, Dios trasplantó la nación al fértil suelo de Canaán con la esperanza de producir una cosecha espiritual tan abundante como para alimentar al mundo.

Pero en vez de eso, Israel se convirtió en el cuerno de la abundancia de descuido, asemejándose a la viña del perezoso descrita en Proverbios: "Vi ... un terreno lleno de espinos, con su cerca de piedras derrumbada."

Dios había enviado profetas a Israel para señalarles los agujeros en sus muros espirituales y los lugares donde las malas hierbas se habían enmarañado en su corazón. Pero los profetas no fueron bien recibidos.

Elías fue perseguido sin tregua por Acab y Jezabel. Zacarías fue apedreado hasta morir dentro del templo mismo durante el reinado de Joás. Jeremías fue encarcelado y posteriormente apedreado. Isaías fue escarnecido y más tarde aserrado a la mitad por orden de Manasés. Amós fue golpeado con un garrote hasta morir.

¿Cuánto tiempo debiera soportar Dios a los arrendatarios que trataban de ese modo a sus siervos? ¿Cuánto tiempo debiera tolerar su rechazo, su brutalidad, su indolencia, su hurto, su egoísmo?

Dios había estado protegiendo la viña, escudando con sus manos los muros rotos y la torre desmoronada. Mientras hacía eso, se mantenían a raya los zorros del gobierno romano y los jabalíes de su ejército. Pero el tiempo había llegado de retirar sus manos protectoras . . . tal como lo había hecho en la época de Isaías:

¿Qué más se podía hacer a mi viña,
que yo no haya hecho en ella?
¿Cómo, esperando yo que diese uvas,
ha dado uvas silvestres?
Os mostraré, pues, ahora
lo que haré yo a mi viña:
Le quitaré su vallado,
y será consumida;
aportillaré su cerca,
y será hollada.
Haré que quede desierta;
no será podada ni cavada,
y crecerán el cardo y los espinos;
y aun a las nubes mandaré que no derramen
lluvia sobre ella.
Ciertamente la viña de Jehová de los ejércitos es la casa de Israel, y los hombres de Judá planta deliciosa suya.
Esperaba juicio, y he aquí vileza; justicia, y he aquí clamor.

La parábola a la cual se refiere Jesús presenta un juicio, un juicio que nos recuerda aquel profetizado por Isaías. Tan espantosos son los recuerdos conservados acerca de ese juicio que la concurrencia queda pasmada y exclama: "¡Nunca suceda tal cosa!"

Pero su petición llega demasiado tarde. Se ha pronunciado el veredicto; la sentencia está decretada.

La parábola enseña dos cosas acerca de la paciencia de Dios: es sufrida, y tiene límites. El juicio de Dios llega sólo después de haber mostrado paciencia a la nación durante generaciones. Ya había enviado un profeta tras otro a Israel, hasta que por fin envió su propio hijo amado para hacerlos entrar en razón. Pero luego de esa fatídica semana de Pascuas en Jerusalén, su paciencia llegó a su fin.

Esta parábola no tiene igual entre las que enseñó Jesús. Es la única que contiene su propio obituario. Imaginemos cómo se sentiría al decirles a sus seguidores cuál sería su destino. ¡Qué dolor tan profundo! ¡Qué dolor por la nación que lo había rechazado!

Y sin embargo, a pesar de toda la pena que se revolvía dentro de Él, el Salvador llegó temprano a ese atrio, para extenderse hasta esas pocas vides que se extendían hacia él. Despejando las malezas que cubrían sus vidas. Alimentando las raíces que luchaban por encontrar un terreno de más profundidad. Alentando los frutos que brotaban sobre las entusiastas ramas de la fe.

Todo esto hizo el Salvador, sabiendo perfectamente bien que en unos pocos días los labradores malvados lo echarían fuera de los muros de la ciudad y lo harían matar brutalmente.

Tal es su fidelidad hacia el viñedo de su Padre . . . y hacia los que están dentro de él con interés de crecer.

Oración

uerido Señor:

Gracias por todo lo que has hecho para que mi vida resulte fructífera y productiva. Gracias por las cercas con que me has rodeado para protegerme, por las torres que levantaste para velarme y por los surcos que labraste en mi corazón para que yo fuera más receptivo a tu palabra.

Ayúdame a ser un buen mayordomo de la pequeña parcela de vida que confiaste a mi cuidado. Que yo pueda trabajar con ahinco en ese viñedo, oh Señor. Dame manos fuertes para el arado y un corazón constante durante la cosecha.

Impide que yo tome jamás a la ligera tu paciencia hacia mi tan arraigada pecaminosidad. Ayúdame a ver que, si bien tu paciencia es sufrida, tiene un límite. Haz que yo continúe creciendo siempre, Señor, para que nunca tenga que conocer por experiencia propia ese límite.

Te agradezco por todas las parábolas de tu Palabra que me llegan en atavío de profetas. Ayúdame a tomar conciencia del hecho de que, por duro de oír que sea su mensaje, es enviada para mi bien: a fin de señalar los defectos que hay en mi carácter para los cuales soy tan ciego; a fin de arrancar las malezas de mi corazón, las que me encanta proteger . . .

Un momento instructivo acerca de nuestra vida

Pasaje Bíblico

Acordaos de la mujer de Lot. Todo el que procure salvar su vida, la perderá; y todo el que la pierda, la salvará.

Lucas 17:32-33

Meditación

Sodoma fue una ciudad famosa por su pecaminosidad. Se asentaba en el extremo sur del valle del Jordán, fermentándose en sus propios abusos. Embriagada con su libertinaje. Tambaleándose a causa de su decadencia. Pero debido a su ubicación, sus recursos y su población burguesa, se podía considerar seriamente la posibilidad de ganar dinero allí.

Y allí fue que Lot instaló su hogar y crió a sus hijos. La gente de Sodoma podía darse el lujo de comer carne todos los días y pagaban precios extraordinarios por los cortes preferidos. Con una astuta habilidad para los negocios, Lot no demoró en transformar su hacienda en un imperio. Al poco tiempo, la política atrajo su interés y llegó a ser el gobernante de la ciudad, sentado a la entrada para presidir los asuntos cívicos y para actuar como juez en las demandas legales.

Mientras a Lot lo ocupaba su negocio y sus responsabilidades cívicas, a su esposa le preocupaban los planes para el casamiento de sus dos hijas. Ya ha comprado la tela para los trajes de las novias y ha encargado que se confeccionen mantos de fiesta para ser entregados a los invitados. En este momento se encuentra en plena tarea de decidir el menú que se servirá en el banquete.

Siendo el marido un hombre tan eminente, la lista de invitados se alarga continuamente. Y lo mismo sucede con la lista de cosas que ella tiene que hacer. Pero toda su vida ha esperado esta ocasión, así que le encanta su responsabilidad. Desde jovencita había soñado siempre con tener hijas. Como joven madre, había soñado siempre con ofrecer algún día una fiesta de bodas.

Pero de pronto una noche dos visitantes misteriosos llegan y hacen pedazos esos sueños al advertirles de la destrucción que se cierne sobre la ciudad.

"¿Qué? ¿Abandonar la ciudad? ¿Dejar mi hogar, mi modo de vida? ¿Y la fiesta de bodas? ¿Qué de todos los planes que tengo?"

Pero esconde esos pensamientos nerviosos. En el margen crepuscular justo antes de la salida del sol su familia se escurre furtivamente fuera de la ciudad. La esposa de Lot mira por última vez la casa que está dejando atrás, la casa donde crió a sus hijas y donde pasó su vida, la casa donde quedan almacenados sus recuerdos al igual que tanta de su vajilla en los aparadores.

Los dos mensajeros angelicales guían el camino, seguidos de Lot, y más atrás su mujer y sus dos hijas. Sus futuros maridos quedan atrás, pensando que todo este asunto es un montón de fantasía religiosa. Atravesando el vecindario dormido, ella también comienza a pensar que es pura fantasía.

Luego de la caminata cuesta arriba hasta la pequeña aldea de Zoar, la mañana despunta. Rayos de sol caen a lo ancho del valle del Jordán, lo cual pone de manifiesto una ondulante cubierta de negras nubes que bajan enturbiando el cielo hacia el llano.

> *Entonces Jehová hizo llover sobre Sodoma y sobre Gomorra azufre y fuego de parte de Jehová desde los cielos; y destruyó las ciudades, y toda aquella llanura, con todos los moradores de aquellas ciudades, y el fruto de la tierra. Entonces la mujer de Lot miró atrás, a espaldas de él, y se volvió estatua de sal.*

Esas diecisiete palabras del Antiguo Testamento pintan el único retrato que tenemos de la esposa de Lot. Unas pocas palabras más en el Nuevo Testamento ponen el epígrafe:

"Acordaos de la mujer de Lot."

Con su sepulcro en forma de monolito de sal, la vida de ella constituye un monumento de advertencia: "Todo el que procure salvar su vida, la perderá; y todo el que la pierda, la salvará."

Con ese vistazo hacia atrás, añorando la vida que había abandonado, la esposa de Lot se trasladó del reino de los vivientes al reino de la parábola. Aunque muerta, el mensaje de su vida perdura.

Casos de personas semejantes a la esposa de Lot vuelven realmente práctico lo que era sólo teórico. Son los que le añaden carne y sangre a los huesos secos de ciertos principios. Hacen que la palabra se encarne y habite entre nosotros. Para que veamos y oigamos. Para que palpemos y entendamos.

En la senda ondulante y a veces precaria que transitamos en nuestro viaje espiritual, las vidas de otras personas nos sirven como señales viales que nos indican el camino correcto o el que debemos esquivar.

El rico y Lázaro. El cobrador de impuestos y el fariseo. El fariseo y la prostituta.

Cada uno nos señala o la dirección que debemos tomar o la que no debemos tomar.

De todas las vidas humanas que se han convertido en parábolas, ninguna puede compararse por lo instructiva y lo inspiradora con la vida del Salvador.

Él grabó en nuestra mente la imagen de la ternura cuando invitó a los niños a venir a Él. Nos mostró un cuadro de compasión cuando resucitó al hijo de la viuda de Naín. Fue el modelo de la valentía cuando hizo frente a la hipocresía de los fariseos. Fue el cuadro de la mansedumbre cuando entró en Jerusalén montado en un potro de asno. Esculpió la forma de un siervo cuando lavó los pies de sus discípulos. Dibujó el retrato de un amigo cuando entregó su vida por nosotros. Nos mostró con un realismo gráfico lo que significa amar a nuestros enemigos cuando, empalado en una cruz romana, pidió al Padre que perdonara a los que lo habían colocado allí.

Él fue una parábola viviente . . . que nos muestra cómo amar, cómo vivir, cómo morir . . . que nos da indicaciones señalando el camino.

Recuérdelo a Él.

Recuerde la esposa de Lot.

Y recuerde que algún día usted será recordado también. Por alguna persona que vaya bregando por la senda de la vida. Por alguno que esté tanteando para cerciorarse del camino. Por alguien para quien la vida de usted se haya transformado en una parábola.

ORACIÓN

Amado Señor Jesús:

Gracias por las cosas que suceden a mi alrededor, pequeñas y grandes, las cuales son parábolas por las cuales tú hablas. Algunas de esas cosas son tan ruidosas que habría que ser sordo para no oírlas. Otras son susurros y me cuesta entender lo que quieres decir con ellas.

Gracias por las flores del campo y por las aves del cielo. Por los cálidos recuerdos de las personas que llevo con cariño en mi corazón. Por los mensajes de amor que guardo en rincones de la cocina.

Oh Salvador, haz que cada momento que paso contigo sea de alguna manera instructivo.

Ayúdame a escuchar de tal modo que la más pequeña semilla de tu Palabra pueda echar raíz en mi vida.

Enséñame a amar a mi prójimo así como el buen Samaritano amó al suyo.

Enséñame acerca de la vida y acerca de lo que realmente tiene importancia.

Enséñame a ser humilde como aquel recaudador de impuestos que fue a orar al templo.

Ayúdame a captar las profundidades de tu perdón como lo hizo aquella prostituta que lavó tus pies con sus lágrimas.

Enséñame acerca de los brazos abiertos de tu Padre y del alborozo que le causa cuando vuelve a casa un hijo perdido.

Enséñame a orar.

Enséñame acerca de la muerte y acerca de la sabiduría que puedo adquirir al tomar en cuenta que un día yo también tendré que seguir el sendero de todo mortal.

Enséñame el poder de las semillas de mostaza y de los puñaditos de gracia cuando se mezclan dentro de la vida de las personas.

Enséñame a ser un río de misericordia para poder refrescar a los que viven en valles profundamente surcados por la pobreza y la desgracia.

Enséñame a desvelarme en espera de tu regreso.

Enséñame a ser fiel durante tu ausencia.

Ayúdame a entender que, a pesar de su longanimidad, la paciencia del Padre tiene su límite.

Enséñame el valor de una vida bien vivida.

Ayúdame a recordar las lecciones que me has enseñado mediante estas parábolas, Señor. Ayúdame a recordar también que algún día mi propia vida será también una parábola.

¿Cómo me recordarán los que me rodean cuando yo muera? ¿Qué escenas acudirán a su mente? ¿Qué palabras emplearán para resumir el sentido de mi vida?

Ayúdame a vivir mi vida de tal modo, Señor, que cuando me recuerden, sea con un buen recuerdo, un recuerdo que ayude a otros de alguna manera a superar los escollos en el camino que tienen por delante . . . y que así los lleve un poco más cerca de ti . . .

"Todo aquel que viene a mí, y oye mis palabras y las hace, os indicaré a quién es semejante. Semejante es al hombre que al edificar una casa, cavó y ahondó y puso el fundamento sobre la roca; y cuando vino una inundación, el río dio con ímpetu contra aquella casa, pero no la pudo mover, porque estaba fundada sobre la roca."

Vida
EL DON DE LA Honra
Gary Smalley y John Trent

Vida
DEDICADOS A LA EXCELENCIA

Relato de un avivamiento extraordinario

Un relato que conmoverá su corazón. Indica el camino de retorno al avivamiento, basándose en las Sagradas Escrituras, los acontecimientos históricos y las experiencias de hombres y mujeres de Europa comunista.

El evangelista Samuel Tippit ha predicado el evangelio en Europa Oriental y en la Unión Soviética. En el libro nos cuenta su experiencia.